曾運乾著作集

史記概要

曾運乾 著
翟新明 點校

長江出版傳媒 | 崇文書局

圖書在版編目（CIP）數據

史記概要 / 曾運乾著 ; 翟新明點校. -- 武漢 : 崇文書局, 2022.7
（曾運乾著作集）
ISBN 978-7-5403-6732-9

Ⅰ. ①史… Ⅱ. ①曾… ②翟… Ⅲ. ①《史記》一研究 Ⅳ. ①K204.2

中國版本圖書館CIP數據核字（2022）第099312號

責任編輯　李艷麗　朱小雙
封面設計　楊　艷
責任校對　董　穎
責任印製　李佳超

史記概要

SHIJI GAIYAO

出版發行　長江出版傳媒　崇文書局
地　　址　武漢市雄楚大街268號C座11層
電　　話　(027)87677133　郵　編　430070
印　　刷　湖北恒泰印務有限公司
開　　本　880mm×1230mm　1/32
印　　張　4.5
字　　數　75千
版　　次　2022年7月第1版
印　　次　2022年7月第1次印刷
定　　價　48.00元

前言

一

曾運乾（一八八四—一九四五），湖南益陽人，字星笠，晚年自號棗園。一九一一年畢業於湖南優級師範學堂史地科，受學於郭焯瑩等學者，與黎錦熙、陳天倪等爲同學。曾任長沙日報、湖南公報主筆，又任職於湖南官書局。一九一七年起執教於湖南省立第一師範學校，與徐特立、楊昌濟等爲同事。一九二六年四月任東北大學文科專任教授；一九三二年三月任國立中山大學教授，兼任文學院中國語言文學系主任、文史研究所中國語言文學部主任。一九三七年八月，應楊樹達之邀返湘，任國立湖南大學教授，一九三九年兼任中國文學系主任，直至一九四五年一月在辰溪去世。曾運乾去世後，國立湖南大學爲之喪祭，國民政府亦下令褒揚；好友楊樹達爲作曾運乾教授傳，陳天倪作曾運乾傳，李肖聃作曾星笠君墓表。

曾運乾以聲韻學研究著稱於世，楊樹達稱：「於學無所不窺，上自諸經子史，下至小學訓詁、天文星象、樂律，無不通曉，而尤邃於聲韻。」〔一〕所著如喻母古讀考、切韻五聲五十一紐考，皆有發明之功，楊樹達稱：「當世治音韻者莫不驚嘆，奉爲定論，雖域外人之治漢學者亦莫不稱許也。」〔二〕羅常培稱：「近人治中國音韻學恪守清人矩矱，而能自有創見者，余獨心折益陽曾星笠先生運乾。」〔三〕除單篇論文外，曾運乾還有作爲講義的等韻學講義、廣韻研究講義、聲韻學、古聲韻學講義、文字學講義等。此外，湖南師範大學圖書館藏有曾運乾詩經楚辭韻三十部證等手稿，可補其聲韻學研究之著述。曾運乾弟子郭晋稀（湖南大學中國文學系一九四二届畢業生）整理曾運乾相關著述爲音韻學講義一種，由中華書局於一九九六年出版（二〇一一年再版）；夏劍欽又據郭晋稀整理本與湖南圖書館藏聲韻學講義擴充爲聲韻學一種，由湖南教育出版社於二〇一二年出版；最近則有彭建國

〔一〕楊樹達曾運乾教授傳，國文月刊第四十六期，一九四六年，頁三〇。

〔二〕楊樹達曾運乾教授傳，國文月刊第四十六期，一九四六年，頁三〇。

〔三〕羅常培評曾運乾切韻五聲五十一紐考，羅常培文集第七卷，山東教育出版社，二〇〇八年，頁五一六。

重新校理本，仍以音韻學講義之名於二〇二一年由湖南大學出版社出版。

除了聲韻學之外，曾運乾還以尚書研究著稱，其尚書正讀一書，原爲在中山大學、湖南大學授課講義，後由顧頡剛推薦，中華書局於一九六四年據湖南大學油印本整理出版，後又多次再版，影響頗鉅。楊樹達贊許爲「清代三百年所未有也」[一]，張舜徽亦稱「其書會通諸家之義，不存門户之見，要以疏明經義爲歸。別擇去取之際，彌見其高識卓見，非拘虚之儒所能知也」。[二]

除音韻學講義、聲韻學、尚書正讀外，曾運乾已出版的著作，還有周秉鈞（一九四六至一九五三年任湖南大學中國文學系講師）整理、由岳麓書社於一九九〇年出版的毛詩說，以及與陳天倪合作署名、由南京鍾山書局於一九三三年出版的通史叙例。其他作品，多以講義、論文及未刊稿等形式留存，尚未引起學術界的關注。

事實上，曾運乾之研究，廣涉經、史、子、集四部。經部除小學、尚書外，還涉及通論（如歷代經學家流別論、先秦經說解題等）、禮（如三禮通論、禮經禮記通論、周官通

[一] 楊樹達曾運乾教授傳，國文月刊第四十六期，一九四六年，頁三〇。
[二] 張舜徽湘賢親炙録，舊學輯存，華中師範大學出版社，二〇〇八年，頁一一五二。

論等）、春秋（如春秋三傳通論、春秋左氏傳通論、春秋左氏傳禮例、春秋公羊傳講義等）、爾雅（如爾雅義證等）；史部有史記概要；子部有荀子説群、莊子劄記等；集部有文章概論等。此外，曾運乾還著有國學概論、五溪詩社詩稿、音樂論稿、朱載堉十二平均律立法之原等，以及對廣韻、東塾讀書記、荀子集解、莊子集解所作之批校。這些稿抄本與印本，大多輾轉交由周秉鈞保存，後來收藏於湖南師範大學圖書館，少數亦存於湖南圖書館、中國科學院國家科學圖書館、東北師範大學圖書館等地。

曾運乾去世之後，楊樹達作曾運乾教授傳，稱其「以湘學論，近數百年來一人而已」〔一〕，積微翁回憶録又稱：「故湘中學者承東漢許、鄭之緒，以小學音韻訓詁入手進而治經者，數百年來星笠一人而已。」〔二〕陳天倪亦稱「湘中失第一經師，海内斷千秋絶業」〔三〕，推崇甚高。但以曾運乾著述僅有三種經整理出版，尚不足以完全展示其學術貢獻，對曾運乾著述尤其是未刊稿的整理，也就更是迫在眉睫之事。

〔一〕楊樹達曾運乾教授傳，國文月刊第四十六期，一九四六年，頁二八。
〔二〕楊樹達積微翁回憶録，上海古籍出版社，二〇一三年，頁二二〇。
〔三〕陳天倪曾運乾傳，尊聞室剩稿，中華書局，一九九七年，頁九七二。

二

曾運乾在史學上的著述，主要包括對春秋、史記的研究，又以對史記的研究爲要。根據目前收集的信息，曾運乾之史記研究著述，以湖南師範大學圖書館所藏最爲豐富，計有四種：稿本史記釋例、稿本史記概論綱要、稿本太史公自序講疏及國立湖南大學鉛印本史記概要。四種之中，又以史記概要之流傳最爲可考，其他三種則均未見諸文獻記載。

目前尚未見到曾運乾在東北大學、中山大學講授史記與撰寫講義的材料。國立中山大學日報一九三二年四月二十一日第三版記載曾運乾已出版著述十一種，包括禮經禮記通論兩卷、周官經通論一卷、春秋通論一卷、春秋左氏傳禮例五卷、廣韻釋例、補韻一卷、文字學講義一卷、聲韻學講義二卷、目録學講義一卷、喻母古讀考、廣韻五聲五十一紐考，均爲曾運乾進入中山大學之前的著述，其中未有與史記相關者，可證其在進入中山大學之前，未曾進行史記著述的撰寫。其後所見中山大學中文系檔案，亦未見曾運乾開設史記課程之記載，可證其在中山大學任教時期亦未有史記之著述。不過，曾運乾與陳天倪在湖南官書局任職時，即已開始編著通史性的著述，其後於一九二七年在東北大學季刊第二期發表通史例上，包括通史叙例之前八例，又於一九三三年由南京鍾山書局正式出版，復於一九三七年在文學雜誌第八期發表通史叙例前三例，其中已包含對史記的相關論述，可以視爲後期考論史記之先聲。

根據一九三七年度國立湖南大學概況，中國文學系課程中已有「史記」一門，曾運乾於一九三七年八月正式入職國立湖南大學，此課程或即曾運乾所開設。一九四〇年十月，國民政府教育部頒發大學及獨立學院教員資格審查暫行規程施行細則，在曾運乾所填報的大學及獨立學院教員資格審查履歷表中，寫明其著有史記概要。一九四二年，湖南大學推薦國民政府教育部部聘教授，楊樹達、曾運乾均在被推薦之列，根據曾運乾填報的國立湖南大學候選部聘教授調查表，其著作中有史記要略，爲湖南大學繕印股出版。史記要略與史記概要當即曾運乾在湖南大學授「史記」課之講義，史記要略今各處未見，疑與史記概要爲一書異名，且其完成應在一九四〇年之前，至遲亦在一九四二年前。

更進一步推考，在國立湖南大學三十年度教員名册中，曾運乾所授課程有「荀子」「尚書」「聲韻學」「訓古學」四門，上年度著作及研究成績有尚書正讀、廣韻研究、古聲韻學三種。至國立湖南大學三十二學年度教員名册，曾運乾所授課程有「聲韻學概要」「毛詩」「荀子」「古聲韻學」四門，上年度著作及研究成績則無。可知從一九四〇年至一九四三年，曾運乾未再授「史記」課程，史記概要之講義亦非此間完成。則史記概要之完成與刻印，應在一九三七年八月至一九三九年之間。

此外，曾在湖南大學外國文學系任教的金克木曾提到：「曾星笠先生以音韻學知名。他那時開的課除這一門外還有尚書和史記。『我講史記，衹講「八書」，從天官書講起，其餘的由學生自己看。我不是講史學，也不是講文學，時間不多，衹能講講「書」。這些「書」，學生自己不會看。』」〔二〕時在一九三八年湖南大學遷至辰溪之後。然稱曾運乾僅講授史記八「書」，與現存作爲講義的史記概要之内容不同，其間事實如何，亦難推測。

史記概要今存有國立湖南大學油印本，筆者所見爲武漢大學文學院王慶元教授所藏複製本。此本每半葉十五行，行三十四字，四周單邊，白口，無魚尾，版心上寫「史記概

〔二〕金克木記曾星笠先生，金克木集第三卷，生活・讀書・新知三聯書店，二〇一一年，頁五四七。

要」，中寫葉次，下寫「國立湖南大學」。首葉題「史記概要」，下書「曾運乾星笠」。此本包括釋史、史記解題、史公年曆、史公游蹤、史記所本、史記體例、史記宗旨、辨體八節，後附史公記事下訖考，其中辨體一節下又分關於補述三皇者、關於周秦先世者、關於項羽本紀者、關於孝惠本紀者、關於削除表曆者、關於三代世表者、關於十二諸侯年表者、關於六國年表者、關於秦楚之際月表者、關於漢代諸侯王表者、關於漢興以來將相名臣年表者、關於八書者、關於天官書者、關於封禪書者、關於孔子世家者、關於陳涉世家者、關於漢諸侯王世家者、關於外戚世家者、關於列傳詮配者、關於吴王淮南衡山三王列傳者二十小節，首尾完具。

又湖南師範大學圖書館藏有一册國立湖南大學鉛印本史記概要。此本每半葉十一行，行三十二字，四周雙邊，白口，單黑魚尾，版心上刻「史記概要」，中刻葉次，下刻「國立湖南大學」。此本總計六十九葉，闕封面及第一葉，所闕爲「釋史」「史記解題」二小節，又第六十八葉上殘缺，附有鋼筆抄録一葉。内葉又有朱、墨筆眉批，間有改正正文闕誤之字。

查其内容，除鉛印本多出眉批文字外，二本略無差異；油印本原有闕誤字，鉛印本多因仍，間有補正或朱、墨筆改正者；史公記事下訖考一節則油印本不誤而鉛印本多誤者，又以朱筆改正。頗疑油印本爲早期手寫油印，鉛印本在油印本基礎上鉛字排印，曾運乾復取以批校，改正錯訛。鉛印本爲曾運乾自藏，後輾轉入周秉鈞手中，最終入藏湖南師範大學圖書館；油印本則爲當時學生取用者，或爲湖南大學中國文學系所藏，以一九五三年院系調整時移入武漢大學。此雖屬猜測，然大要當近乎其實。

三

晚清民國是中國學術的重要轉折點，也是現代學術的奠基時期，對於史記研究而言亦然。張大可等主編史記研究集成第十四卷史記論著提要與論文索引彙總了一九〇五至一九四九年間的史記研究著作三十五種，未收録曾運乾史記概要，知此書僅以講義形式存在，數十年間未爲學界所獲知。

史記概要共分九節。第一節爲釋史，解釋「史」之含義，徵引説文、吴大澂説文古籀補、章太炎檢論等觀點，認爲「『史』之初義，即記載詳確、不爲偏倚之謂也」。第二節爲史記解題，對「史記」之名進行源流考釋。第三節爲史公年曆，根據王鳴盛十七史商榷、王國維太史公繫年考略、鄭鶴聲司馬遷年譜等編纂司馬遷年譜簡表，認爲司馬遷生於漢景帝中元五年。第四節爲史公游蹤，考察司馬遷游覽所及，將其動機分爲「宦學事師」「搜奇討秘」「采風問俗」「行幸扈從」「奉使專征」五類，因而可得「史料之真」「記載之核」「文字得江山之助」之效。第五節爲史記所本，考察司馬遷作史記所使用的文獻。第六節爲史記體例，考察史記紀傳體例，又引舊作通史叙例爲證。第七節爲史記宗旨，認爲司馬遷著述要旨有四：「於學術則先六經而後黄老，於人倫則主施報而賤陵越，於政治則進嬗讓而黜争奪，於經濟則榮利導而惡兼并。」一一進行考釋。第八節爲辨體，對於史記中的重要問題進行考辨，分爲二十小節，涉及本紀、年表、書、世家、列傳諸類。最末附史公記事下訖考，針對史記記事之下限進行考訂，認爲司馬遷曾見及漢昭帝初年之事。

曾運乾史記概要涉及了史記作者、成書、内容、體例、取材等諸多問題，可以説是一部史記研究的入門之書。其體例，先徵引前人觀點，再斷以己見，觀點與前人相同者則作爲申發，與前人不同者則詳加分析。其史記文本以武英殿本爲準，徵引之書包括了劉知幾史通、王鳴盛十七史商榷、趙翼廿二史劄記、錢大昕廿二史考異、梁玉繩史記志疑、章學誠文史通義、孫德謙太史公書義法等史學批評的重要文獻。在此之外，尤爲重要者，則在於徵引了其師郭焯瑩對於史記的諸多論斷。

郭焯瑩（一八七二—一九二八），字子燮，號耘桂，湖南湘陰人，郭嵩燾次子，著有讀騷大例等。郭嵩燾著有史記劄記五卷，郭焯瑩弟子任凱南爲之整理，作序稱：「長從公仲子耘桂先生學古文詞，先生時引公之説以教學子。」〔一〕李肖聃稱郭焯瑩：「尤精於太史公書，葉德輝謂其精湛擬劉，突過其父。」〔二〕知郭焯瑩亦有史記相關論述，但其對於史記的系統研究成果則未見諸記載。湖南圖書館藏有郭焯瑩遺著稿二十八册，因原書破損，無法閱覽，無從知其具體内容。曾運乾在湖南優級師範學堂史地科學習時受學於郭焯瑩，其史記概要中每引「郭子燮師云」，當即所見郭焯瑩對於史記之研究著作。此可補郭焯瑩史記研究文獻之缺失，亦可據以與郭嵩燾史記劄記相比勘，考察郭氏父子學術之異同，更進一步加深對於湘潭郭氏學術之研究。

曾運乾對於史記之研究，雖重在徵引前人觀點，但所涉及者則多爲學術界懸而未

〔一〕清郭嵩燾史記劄記任凱南序，商務印書館，一九五七年，頁五。
〔二〕李肖聃書玉池學略後，李肖聃集，岳麓書社，二〇〇八年，頁一五三。

決、争論不休的問題，如司馬遷之生卒年、史記記事下限、史記體例等，且都能作出自己的判斷。其中用力最深者，爲第七節史記宗旨、第八節辨體。第七節史記宗旨，針對班固漢書司馬遷傳贊「論大道則先黄老而後六經，序游俠則退處士而進奸雄，述貨殖則崇勢利而羞賤貧」的觀點作出批判，提出了「於學術則先六經而後黄老，於人倫則主施報而賤陵越，於政治則進嬗讓而黜争奪，於經濟則榮利導而惡兼并」的論斷，進而一一論證，可謂「言之成理，持之有故」，對於深入理解司馬遷和史記宗旨不無裨益，是對「知人論世」理論的充分發揮。第八節辨體下所分二十小節，考察的也都是重要問題，如史記不設三皇本紀，秦、項羽入本紀而孝惠不入本紀，陳涉、外戚入世家，以及表、書、列傳中的出入、增删等，曾運乾均發表了個人見解，對於理解史記體例也有幫助。

總體來説，曾運乾史記概要是站在司馬遷和史記立場上來進行考察、論證的，每每從史記自身出發，以史證史，對司馬遷撰寫史記之體例進行推原，解析後世學者對司馬遷和史記的「誤讀」，還原史記之地位與價值。從這一層面而言，儘管曾運乾的某些觀點如對司馬遷生年考訂仍可商権，但其史記概要仍是一部不可或缺而頗具精義的史記研究著作，對於研究民國間史記學之發展、大學講義之演進等，亦提供了珍貴的文獻材料，理應引起相關研究者的進一步關注。

四

對曾運乾史記概要的整理，以武漢大學文學院王慶元教授所藏國立湖南大學油印本之複製本爲底本，以湖南師範大學圖書館藏國立湖南大學鉛印本爲參校本，并廣參其文内引書，以爲校勘。限於各種因素，鉛印本原有之眉批文字未能整理入内，頗覺遺憾。至於湖南師範大學圖書館所藏曾運乾史記釋例、史記概論綱要、太史公自序講疏三種稿本，亦暫附闕如。凡此，皆留待日後補充。

本書係受崇文書局陶永躍編輯邀約整理，所采用的底本即王慶元教授藏油印本之複製本亦由陶編輯提供。在整理過程中，整理者曾前往湖南師範大學圖書館古籍特藏部取閱館藏鉛印本史記概要，并獲得殷榕主任與熊婷婷、杜晴雯等館員的幫助；本院向鐵生副教授、中南民族大學文學與新聞傳播學院黨永輝講師曾幫助辨識文字；曾運乾先生之曾孫女曾艷霞女士也一直關注此書出版，并提供曾運乾著述館藏的最新信息，以及一些稀見文獻，爲本書整理與前言撰寫提供了諸多便利，在此一并致謝。其有整理錯訛不當之處，容待後續修訂再版，亦祈讀者原宥。

瞿新明於湖南大學中國語言文學學院

二〇二一年五月十五日

凡例

一、本書整理，以國立湖南大學油印本爲底本，以湖南師範大學圖書館藏國立湖南大學鉛印本爲參校本，并取其引書廣爲參校。

一、本書整理，凡底本明顯訛誤徑改，并略出校記説明。原書異體字，略作統一。

一、原書引文多爲節引，其不影響文義之脱、衍文字及「者」「也」之類虚詞異文，概不出校，亦不作訂正；其影響文義之訛、脱、衍、倒文字則出校説明。

一、本書整理，采用全式標點，并主要參考許逸民專名綫、書名綫使用細則舉例一文之規則。

一、文末别附參校書目，庶使讀者知校改之依據。

目録

史記概要

曾運乾　星笠

一、釋史

說文：「史，記事者也。从又持中。中，正也。」吳大澂說文古籀補云：「象手執簡形。」章太炎檢論云：「周官：天府，『凡官府鄉州及都鄙之治中，則受而藏之。』注：『鄭司農云：「治中，謂其治職簿書之要。」』小司寇：『登中於天府。』注：『上其所斷獄訟之數。』皆謂中即計簿也。余以禮器之『因名山升中於天』，升中即登中，謂自陳功德，上計於天也。論語『允執其中』，中即簿書，猶言握天下之圖也。」〔一〕比斯三說，則知「史」

〔一〕章太炎檢論卷五述圖：「天府，『凡官府鄉州及都鄙之治中，受而藏之。』小司寇：『登中於天府。』中者，計簿也。」原注：「天府注：『鄭司農云：「治中，謂其治職簿書之要。」』小司寇注：『上其所斷獄訟之數。』皆謂中即計簿也。余以禮器云『因名山升中於天』，升中即登中，謂自陳功德，上計於天也。論語堯曰：『允執其中。』中亦簿書，猶言握天下之圖也。」與曾氏所引略異。

之初義，即記載詳確、不爲偏倚之謂也。

二、史記解題

自序云：「凡百三十篇，五十二萬六千五百字，爲太史公書。」漢書藝文志春秋家：「太史公百三十篇。馮商所續太史公七篇。」

案：「史記」之稱，自古有之。據本書周本紀：「太史伯陽讀史記。」十二諸侯年表：「孔子西觀周室，論史記舊聞。」六國年表：「秦既得意，燒天下詩書，諸侯史記尤甚。」天官書：「余讀〔一〕史記，考行事。」孔子世家云：「孔子因魯史記作春秋。」自序云：「紬史記石室金匱之書。」凡此所稱，皆周秦人所記。遷書原稱「太史公」，或稱「太史公云」。〔二〕梁玉繩史記志疑云：「史記之名，當起叔皮父子。觀

〔一〕「讀」，史記卷二七天官書作「覩」。

〔二〕案：此處疑有訛誤，「云」或爲「書」之訛。

漢五行志及後書班彪傳可見，蓋取古『史記』之名以遷書〔一〕，尊之也。」今案：梁説是也。國志王肅傳記：「司馬遷以受刑之故，著史記，非貶孝武。」此正言司馬遷著史記之始。

三、史公年曆　司馬遷年曆略譜〔二〕

時代	年歲	國中大事	史公事迹	根據
145 景帝中元五年	司馬遷生。			據太史公自序索隱、正義推。
140 武帝建元元年	六歲。	太史公，武帝置。	父談爲太史公。	自序：「太史公仕於建元、元封之間。」
136 建元五年	十歲。	初置五經博士。	誦古文。	自序。

〔一〕「以遷書」，梁玉繩史記志疑卷三六作「以名遷之書」。

〔二〕湖南師範大學圖書館藏鉛印本史記概要無「史公年曆」。

續表

時代	年歲	國中大事	史公事迹	根據
126 元朔三年	二十歲。		始游。	自序。
124 元朔五年	二十二歲。	爲博士置弟子員，以補文學掌故，其高第以爲郎中。	從孔安國問尚書故。	孔子世家：「安國爲今皇帝博士。」漢儒林傳：「司馬遷嘗從安國問故，遷書多古文説。」
116 元鼎元年	三十歲。		始仕爲郎中。時蓋以博士弟子高第爲郎中，	自序。又報任少卿書：「待罪輦轂下，二十餘年矣。」報書作於年五十五時，則始仕當在三十左右。衛宏漢舊儀〔一〕：「司馬遷，父談，世爲太史。遷年十三，使乘傳行天下，求諸侯之

〔一〕「漢」，原作「斤」，據太平御覽卷二三五及後文改。

續表

時代	年歲	國中大事	史公事迹	根據
			乘傳求古諸侯史記。	史記。」案：「十三」當爲「三十」之倒訛，時蓋以郎中出求書，如成帝時謁者陳農求书之比。
111 元鼎六年	三十五歲。	平西南夷。	奉使西征巴、蜀以南，南略邛、筰〔一〕、昆明，還。	自序并集解。案：是時唐蒙、司馬相如并以郎中將資格，奉使西南夷，又見漢書東方朔傳。
110 元封元年	三十六歲。	祭中岳，登泰山。	父談卒。詔遷作史記。	自序：「是歲天子始建漢家之封，而太史公留滯周南，不得與從事。故發憤且卒。」詔遷作史記。

〔一〕「筰」，原作「管」，據史記卷一三〇太史公自序及後文改。

續表

時代	年歲	國中大事	史公事迹	根據
108 元封三年	三十八歲。		遷爲太史令，紬史記石室金匱之書。	自序索隱云：「博物志：『太史令茂陵顯武里大夫司馬遷〔一〕，年二十八，三年六月乙卯除，六百石也。』」。王國維云：「『二十八』，依下文正義，推當爲『三十八』。」〔二〕

〔一〕案：「遷」，武英殿本史記脱，曾氏補入。

〔二〕王國維太史公繫年考略：「案：三年者，武帝之元封三年。苟元封三年史公年二十八，則當生於建元六年，然張守節正義於自序『爲太史令五年而當太初元年』下云：『案：遷年四十二歲。』與索隱所引博物志差十歲。正義所云，亦當本博物志。疑今本索隱所引博物志『年二十八』，張守節所見本作『年三十八』。」曾氏約略言之。

續表

時代	年歲	國中大事	史公事迹	根據
104 太初元年	四十二歲。	造太初曆，以正月爲歲首。	與上大夫壺遂等定律曆，述史記。	自序、漢書武帝紀。集解：「遷爲太史令〔一〕後五年，適當於武帝太初元年。此時述史記。」正義云：「案：遷年四十二歲。」
98 天漢三年	四十八歲。	李陵攻匈奴，爲所敗，降之。	論次史記，七年而太史公遭李陵之禍，幽於縲絏。又報任書云：「草創未就，會遭此禍，惜其不成。」	自序集解：「徐廣曰：『天漢三年。』」正義：「案：從太初元年至天漢三年，乃七年也。」

〔一〕史記卷一三〇太史公自序裴駰集解「太史」後無「令」。

續表

時代	年歲	國中大事	史公事迹	根據
96 太始元年	五十歲。	大赦，改元。	爲中書令。	漢書司馬遷傳：「既被刑之後，爲中書令。」
91 征和二年	五十五歲。	江充入宮捕蠱，戾太子自殺，任安坐受太子節發兵，下吏〔一〕，誅死。	報任少卿書。	報書：「今少卿抱不測之罪，涉旬月，迫季冬，僕又迫〔二〕從上〔三〕雍，案：明年正月，上幸雍。恐卒然不可爲諱。」又報書：「僕賴先人緒業，得待罪輦轂下，二十餘年矣。」

〔一〕「吏」，原作「史」，據湖南師範大學圖書館藏鉛印本史記概要改。

〔二〕「迫」，漢書卷六二司馬遷傳作「薄」。

〔三〕漢書卷六二司馬遷傳「上」後有「上」。

續表

時代	年歲	國中大事	史公事迹	根據
90 征和三年	五十六歲。	春正月，行幸雍。	從上雍。	報任孝卿書〔一〕。
86 昭帝始元元年	六十歲。			景帝紀末云：「太子即位，是爲孝武皇帝。」據此，則史公已及知武帝謚號矣，其卒當在昭帝時。賈誼傳末云：賈生之孫嘉，「與余通書。至孝昭時，列爲九卿。」王鳴盛云：「『孝昭』二字，後人追改，元文當爲『今上』也。」

案：誦詩讀書，必先知人論世。史公之書，上起黄帝，下迄武、昭，不明其生卒時代，則有史文記載稍後，即疑爲後人增竄者。如景帝紀後云：「太子即位，是爲孝

〔一〕「孝」，湖南師範大學圖書館藏鉛印本史記概要墨筆改作「少」。

武皇帝。」張晏以爲褚先生所補，而王鳴盛十七史商権則云「遷實卒於昭帝時〔二〕「案其文義，非後人附益」也。又賈生傳末云：「賈嘉最好學，與余通書，至孝昭時，列爲九卿。」凌稚隆以爲後人所增，而十七史商権則云：「『孝昭』二字，爲後人追改。其原文當爲『今上』耳。」至於曹相國世家末云：「征和二年中，宗坐太子死，國除。」齊召南史記殿本考證引臣照疑爲褚先生所補，實則征和二年，遷固與任少卿通書，安然無恙也。惟楚元王世家之記及地節，爲宣帝年號；司馬相如傳贊之引及揚雄，爲成、哀間人，則灼然爲後人增竄也。今特依王鳴盛十七史商權、王國維太史公繫年考略、鄭鶴聲司馬遷年譜，編爲略譜，以見史公始末云。

四、史公游蹤

自序云：「年二十而南游江、淮，上會稽，探禹穴，闚九疑，浮於沅、湘，北涉汶、

〔二〕「時」，王鳴盛十七史商権卷一作「初」。

泗，講業齊、魯之郊〔一〕，觀孔子之遺風，鄉射鄒、嶧；戹困鄱、薛、彭城，過梁、楚以歸。」

河渠書贊：「余南登廬山，觀禹疏九江，遂至於會稽太湟，上姑蘇，望五湖；東窺洛汭、大邳，迎河，行淮、泗、濟、漯洛渠；西瞻蜀之岷山至離碓；北自龍門至於朔方。」

案：史公游蹤甚廣，綜述如此。其散著他篇，如五帝紀，封禪書，齊、魏及孔子世家，伯夷、孟嘗君、信陵君、春申君、屈原賈生、蒙恬、淮陰侯、樊酈滕灌諸列傳及自序者，備矣。依今地計之，大抵東至齊、魯、江、浙沿海一帶，南至湘、贛、滇、黔，西至甘、陝、川、康，北至河北、朔方諸地，中國本部，游蹤殆遍。所未涉歷者，惟閩、粵耳。其目的不同，動機各異。（一）爲宦學事師，如云：「講業齊、魯之郊，觀孔子之遺風，鄉射鄒、嶧。」是也。（二）爲搜奇討秘，如衛宏漢舊儀説：「奉使乘傳行天下，求古諸侯之史記。」自序索隱引張晏云：「九疑，舜葬，故窺之。

〔一〕「郊」，史記卷一三〇太史公自序作「都」。下同。

尋上探禹穴，蓋以先聖所葬處有古册文，故探窺之，亦搜采遠矣。」是也。（三）爲采風問俗，如五帝本紀贊云：「余嘗西至崆峒，北過涿鹿，東漸於海，南浮江、淮矣。至長老皆各往往稱黄帝、堯、舜之處，風教固殊焉。」孟嘗君傳贊云：「吾嘗過薛，其俗閭里率多暴桀子弟，與鄒、魯殊。」是也。（四）爲行幸扈從，如河渠書云：「余從負薪塞宣防〔一〕，悲瓠子之詩而作河渠書。」封禪書云：「余從巡祭天地諸神〔二〕名山川而封禪焉。」是也。（五）爲奉使專征，如自序云：「奉使西征巴、蜀以南，南略邛、筰、昆明。」是也。因其涉歷甚廣，故其裨益於文史者甚閎。索隱序云：「史公之書，既上序軒黄，中述戰國，或得之於名山壞宅，或得之於〔三〕舊俗風謡。」此言其史料之真也。日知録云：「秦、漢〔四〕之際，兵所出入之塗，曲折變化，惟史公序之如指掌。」「蓋自古史書兵事、地形之詳，未有過此者。」此言其記載之核也。

〔一〕「防」，史記卷二九河渠書作「房」。
〔二〕「神」，原作「以」，據史記卷二八封禪書、湖南師範大學圖書館藏鉛印本史記概要改。
〔三〕「得之於」，司馬貞史記索隱後序作「取之以」。
〔四〕「漢」，顧炎武日知録卷二六作「楚」。

蘇子由云：「太史公行天下，周覽四海名山大川，與燕、趙間豪俊交游，故其文疏蕩，頗有奇氣。」此言其文字得江山之助也。

五、史記所本

漢書司馬遷傳贊云：「孔子因魯史記作春秋，左丘明論輯其本事爲之傳，又纂異同爲國語。又有世本，録黄帝以來至春秋時帝王公侯卿大夫祖世所出。春秋之後，七國并争，秦兼諸侯，有戰國策。漢興伐〔一〕秦定天下〔二〕，有楚漢春秋。故司馬遷據左氏、國語，采世本、戰國策，述楚漢春秋，接其後事，迄於天漢。」鄭樵通志序云：司馬氏「會詩、書、左傳、國語、世本、戰國策、楚漢春秋之言，通黄帝、堯、舜，至於秦漢之世」。「然大著述者必深於博雅，而盡見天下之書，而後無遺恨。當遷之時，挾書之律初除，得書之路未廣，亘三千年之史籍，而跼蹐於七八種書，所可爲遷恨者，博不足也。」

〔一〕「伐」，原作「代」，據漢書卷六二司馬遷傳改。

〔二〕「天」原脱，據漢書卷六二司馬遷傳、湖南師範大學圖書館藏鉛印本史記概要補。

案：史公材料，有得之於古文者。如自序云：「年十歲誦古文。」索隱云：「遷及事伏生。是學誦古文尚書。劉氏以爲左傳、國語、系本等書，是亦名之古文也。」又漢書儒林傳：「遷嘗從孔安國問故，遷書載〔一〕堯典、禹貢、微子、洪範〔二〕、金縢諸篇，多古文説。」是也。有得之於諸侯史記者，如六國表：「太史公讀秦記。」漢舊儀云：「乘傳行天下，求得諸侯之史記。」是也。有得之於曆諜者，如三代世表云：「余讀諜記，黄帝以來皆有年數。」十二諸侯年表云：「太史公讀春秋曆譜諜。」是也。有得之史宬者，如自序云：「天下遺文古事，莫不畢集太史公。」又云：「遷爲太史令，紬史記石室金匱之書。」是也〔三〕。有得之繇俗者，如淮陰侯列傳云：「淮陰人爲余言，韓信雖爲布衣時，其志與衆異。其母死，貧無以葬，然乃行營高敞地，令其旁可置萬家。余視其母家，良然。」留侯世家云：「余以爲其人計魁梧奇偉，至見其圖，狀貌如婦人好女。」是也。安在其蹈踏七八種書乎？鄭樵所譏，亦適成其管窺蠡測之見而已。

〔一〕「載」原脱，據漢書卷八八儒林傳補。
〔二〕漢書卷八八儒林傳「洪範」在「微子」前。
〔三〕「也」原脱，據行文體例補。

六、史記體例

自序云：「罔羅天下放失舊聞，王迹所興，原始察終，見盛觀衰，論考之行事，略推三代，録秦漢，上記軒轅，下至於兹，著十二本紀，既科條之矣。并時異世，年差不明，作十表。禮樂損益，律曆改易，兵權山川鬼神，天人之際，承敝通變，作八書。二十八宿環北辰，三十輻共一轂，運行無窮，輔拂股肱之臣配焉，忠信行道，以奉主上，作三十世家。扶義俶儻，不令己失時，立功名於天下，作七十列傳。凡百三十篇，爲太史公書。」

文心雕龍史傳篇云：「太史談世惟執簡，子長繼志，甄序帝勣。比堯稱典，則位雜中賢；法孔題經，則文非元聖。故取式吕覽，通號曰紀。紀綱之號，亦宏稱也。故本紀以述皇王，列傳以總侯伯，八書以補〔一〕政體，十表以譜年爵，雖殊古式，而得事序焉。」

史通六家篇云：「史記家者，其先出於司馬遷。自五經間行，百家競列，事迹錯糅，

〔一〕「補」，劉勰文心雕龍卷四作「鋪」。

前後乖舛。至遷乃鳩集國史，采訪家人，上起黄帝，下窮漢武，紀傳以統君臣，書表以〔一〕譜年爵，合百三十卷。因魯史舊名，目之曰史記。」「尋史記疆域遼闊，年月遐長，而分以紀傳，散以書表。每論家國一政，而胡、越相懸；叙君臣一時，而參、商是隔。此其爲體之失者也。」

又二體篇：「史記者，紀以包舉大端，傳以委曲細事，表以譜列年爵，志以總括遺漏，以逮天文、地理、國典、朝章〔二〕，顯隱必該，洪纖靡失。此其所以爲長也。若乃同爲一事，分在數篇，斷續相離，前後屢出，於高紀則云語在項傳，於項傳則云事具高紀。又編次同類，不求年月，後生而擢居首帙，先輩而抑歸末章，遂使漢之賈誼，將楚屈原同列；魯之曹沫，與燕荆軻并編。此其所以爲短也。」

趙翼廿史劄記〔三〕：「古者，左史記言，右史記事，言爲尚書，事爲春秋。其後沿爲編年、記事二種。記事者，以一篇記一事，而不能統貫一代之全；編年者，又不能即一人而

〔一〕「以」原脱，據劉知幾史通内篇六家補。
〔二〕「章」，原作「意」，據劉知幾史通内篇二體、湖南師範大學圖書館藏鉛印本史記概要改。
〔三〕案：「廿史劄記」，爲「廿二史劄記」之訛。。

各見其本末。司馬遷參酌古今，發凡起例，創爲全史。本紀以序帝王，世家以紀侯國，十表以繫時事，八書以詳制度，列傳以志人物，然後一代君國〔一〕政事賢否得失，總彙於一篇之中。自此例一定，歷代作史者，遂不能出其範圍，信史家之極則也。」

趙翼陔餘叢考云：「班彪謂司馬遷序帝王則曰本紀，公侯傳國則曰世家，卿士特起則曰列傳，是蓋以本紀、世家、列傳爲史遷創例。然文心雕龍云『遷取式吕覽，著本紀以述皇王』，則遷之作紀，固有所本矣。今案：吕覽十二月紀，非專述帝王之事，而史記大宛傳贊則云『禹本紀言河出昆侖，高五百里』，又云『禹本紀及山海經所有怪物，予不敢言之也』。是遷之作紀，非本於吕覽，而漢以前别有禹本紀一書，正遷所本耳。又衛世家贊云『予讀世家言』云云，則遷之作世家，亦有所本，非特創也。惟列傳序事，則古人所無。古人著書，凡發明義理，記載故事，皆謂之傳。孟子云：『於傳有之。』謂古書也。左、公、穀作春秋傳，所以傳春秋之旨也。伏生弟子作尚書大傳，孔安國作尚書傳，所以傳尚書之義也。大學分經、傳，韓非子亦分經、傳，皆所以傳經之意也。故孔穎達云：『大率秦漢之際，解書者多名爲傳。』」「是漢時所謂傳，凡古書及説經皆名之，非專以叙

〔一〕「國」，趙翼廿二史劄記卷一作「臣」。

一人之事也。其專〔一〕以之叙事而人各〔二〕一傳，則自史遷始，而班史以後皆因之。然則本紀、世家，非遷所創，而列傳則創自遷耳。叔皮乃以爲皆遷創例，何耶？」王鳴盛十七史商榷云：「司馬遷創立本紀、表、書、世家、列傳體例，後之作史者，遞相祖述，莫能出其範圍。即班、范稱書，陳壽稱志，李延壽南北朝稱史，歐陽子五代稱史記，小異其目。書之名，各史皆改稱志，五代又改稱考；世家之名，晋書改稱載記；要皆不過小小立異，大旨總在司馬氏牢籠中。司馬取法尚書及春秋内、外傳，自言述而不作，其實以述兼作者。」

案：昔劉知幾著史通，商榷史傳，分爲六家：一曰尚書家，二曰春秋家，三曰左傳家，四曰國語家，五曰史記家，六曰漢書家，極剖析之能事矣。然有不衷諸事實者，昔曾辨之。其略云：一曰左傳方駕春秋，是以輔臣而貳君位也。蓋孔子因史作經，左丘明受經作傳，故傳或先經以張本，或後經以終義，參稽互證，相待而成。春秋不能舍左傳而空存事目，左傳亦不能離春秋而空言義例。是知傳之於經，合爲一

〔一〕「專」，原作「傳」，據趙翼陔餘叢考卷五改。
〔二〕「各」原脱，據趙翼陔餘叢考卷五補。

體，正猶裴注國志，集群書以考異同；劉注晉紀，引衆家以稽闕略。若離此一書，分隸二家，是則温公通鑑宜與目録分科，晦庵大綱宜與細目異撰也。豈非支離破碎者哉！二曰國語不原尚書，是以支子而躋大宗也。蓋左史記言，右史記事，本史官記注之常；言爲尚書，事爲春秋，則劉向望文生説。尚書典謨之篇，記事而言著；訓誥之體，記事而言亦彰〔一〕，質文相宜，非可强割。後世承尚書之體者，厥爲國語。祭公諫征犬戎，單子議鑄大錢，謨訓之遺也；襄王辭晉文請隧，定王辭隨會争烝，誥命之志也；若王朝侯國分次諸篇，則又秦、魯繼迹商、周之例也。皇甫持正以春秋、左傳分屬編年，尚書、國語分屬紀事，朱子亦稱國語國别事殊，蓋近書體，斯得之矣。三曰史記、漢書不原世本，是以近宗而祧其始祖也。史公起例，全仿世本，本紀全法帝繫，清洪飴孫世本輯補曰：「左傳襄二十一年疏引世本紀文，史記索隱及路史注亦引世本記文，紀與記古音同，此即史記本紀之所本。」案：世本有帝繫篇，尚書序疏、大戴禮帝繫及五帝本紀，皆出於世本，釋玄應一切經音義二十三亦曰世本有帝繫篇。世本一書，雖不必别有紀文如洪氏所引，要其帝繫篇爲司馬本紀所出無疑。十表同符周譜，世本輯補曰：「案：隋書經籍志有世本王

〔一〕「記事而言亦彰」，通史叙例卷一通三體作「記言而事亦彰」。

侯大人譜二卷，馬融尚書注引王侯世本，蓋太史公采世本、戰國策、楚漢春秋以成書，所云表〔一〕者，即世本之譜也。梁書劉杳引桓譚新論云：『太史公諸世表，旁行邪上，并效周譜。』史記索隱則又云三代系表『依帝繫及系本』。云依帝繫者，三代世表之世數，與帝繫同也；云依系本者，三代世表旁行邪上，與世本之譜同也。」世家列傳，固諸侯大夫系謚名號之遺。世本輯補曰：「春秋桓二年正義引世本世家文，又襄十一、二十一、定元年正義皆引世本世家文，此即太史公諸世家之所本。」「史記魏世家索隱引世本曰：『桓子生文侯斯。』其傳曰：『孺子瘨是魏駒之子。』則世本世家之外，復有傳，以紀卿大夫系號。趙、韓、魏皆先爲卿，後爲諸侯，故世家及傳兩列之。即此條可以推見太史公作七十列傳，其名亦本於世本。」案：史記集解序索隱引劉向曰：「世本録黄帝以來帝王諸侯及卿大夫系謚名號。」禮、樂、律曆，亦居、作、氏姓、謚法諸篇之舊。世本輯補曰：「案：史記索隱三引世本居篇。」「禮明堂位注引世本作篇。」「玉海引沈約謚法序曰：『大戴禮及世本舊并有謚法。』」「史秦本紀集解、左隱十一年正義引世本氏姓篇。」知幾晚作，不睹世本全文，蓋祇知爲姓氏之書，不復明其爲紀傳之祖。故其論史記家以謂其先出於太史公，如是則其所引禹本紀大宛列傳、世家衛世家及「其傳曰」伯夷列傳云云，皆

〔一〕「表」，通史叙例卷一通三體作「譜」。

成不經之臆説也，豈所擬於述而不作者哉？竊謂古史之作，其流有三。一曰紀事。其源出於泰古，書緯稱孔子求得黄帝玄孫帝魁之書，迄秦穆公，凡三千三百三十篇，是也。孔子始纂而爲尚書，左丘明始續而爲國語，戰國策、楚漢春秋等均每事次篇，自爲起訖。至有宋袁樞作，始排比通鑑舊文，爲紀事本末。朱子稱其錯綜通鑑，國語之流；章學誠稱其體圓用神，尚書之遺。其後章冲有左氏傳事類始末，楊仲良有長編紀事本末，沿及明、清，相承不墜。清四庫目遂别開紀事本末門以居之，則其族也。二曰編年。汲冢瑣語稱夏殷春秋，其詳不可考；周公始發五十凡例，垂史書之舊章。孔子以後，承其流者，丘明有春秋傳，荀悦有漢紀，袁宏有後漢紀，至宋則司馬温公有資治通鑑，朱晦庵有通鑑綱目，皆其流也。三曰紀傳。導源於世本，濫觴於史、漢，本紀以紀君上，世家、列傳以志臣下，以人爲目，事附以見，本兹義例，勒爲成書者，彪、嶠以下，僅逮百家。史志簿録，號爲正史，則皆酌其流而揚其波者也。以上見余與友人陳天倪君同撰通史叙例，南京鍾山書局出版。〔一〕由斯而觀，史記之爲紀傳體，固屹然與紀事、編年鼎峙爲三也。體雖導源於世本，然理其散著錯綜之目，裁爲整齊劃

〔一〕案：上引諸文，見通史叙例卷一通三體，多有删節改易，不一一注出。

一之規，十二紀以序帝王，十表以貫歲月，八書以紀政事，三十世家以序公侯，七十列傳以志士庶，歷代作者，遞相祖述，莫能出其範圍。王鳴盛謂其「自言述而不作，其實以述兼作者」，誠不誣也。惟平列五體之中，本紀尤綱維所繫。史通所謂「太史公著史記，始以天子爲本紀，考其宗旨，如法春秋」，又稱「紀之爲體，如春秋之經，繫日月以顯歲時，書君上以顯國統」，所以「綱紀庶品，網維萬物，篇目之大，莫過於斯」。夫本紀既法春秋，即列傳亦宜當春秋之傳，孔穎達所謂「秦漢之際，解經者多名爲傳」是也。趙甌北顧致疑於傳以解經，非專以叙一人之事，不知史公列傳，正因叙事而爲本紀之羽翼也。趙又致疑於人各一傳，爲前次〔一〕所未有，不知伯夷列傳所引「其傳曰」云云，正人各一傳，而爲太史公所本也。其又奚疑焉？

七、史記宗旨

漢書司馬遷傳贊云：「遷言秦漢詳矣。」「其是非頗繆於聖人，論大道則先黃老而後六

〔一〕「次」，湖南師範大學圖書館藏鉛印本史記概要墨筆改爲「此」。

經，序游俠則退處士而進奸雄，述貨殖則崇勢利而羞賤貧，此其所蔽也。」

裴駰史記集解序云：「駰以爲固之所言，世稱其當。」

司馬貞索隱序云：「遷自以承五百之運，繼春秋而纂是史，其褒貶核實，頗亞於丘明之書。」

晁公武郡齋讀書志云：「班固常〔一〕譏遷『論大道則先黄老而後六經，序游俠則退處士而進奸雄，述貨殖則崇勢利而羞貧賤』，後世愛遷者多以此論爲不然，謂遷特感當世之所失，憤其身之所遭，寓之於書，有所激而爲此言耳，非其心所謂誠然也。當武帝之世，表章儒術而罷黜百家，宜乎大治，而窮奢極侈，海内凋敝，反不若文、景尚黄老時，人主恭儉，天下饒給，此其所以先黄老而後六經也。武帝用法刻深，群臣一言忤旨，輒下吏誅，而當刑者得以貨免。遷之遭李陵之禍，家貧〔二〕無財貨〔三〕自贖，交游莫救，卒陷腐刑。其進奸雄者，蓋嘆時無朱家之倫，不能脱己於禍，故曰：『士貧窘得委命。』此豈非人所謂賢

〔一〕「常」，晁公武衢本郡齋讀書志卷五作「嘗」。

〔二〕「貧」，原作「貨」，據晁公武衢本郡齋讀書志卷五改。

〔三〕「貨」，晁公武衢本郡齋讀書志卷五作「賄」。

豪者耶？其羞貧賤者，蓋自傷特以貧故，不能自免於刑戮，故曰：『千金之子，不死於市。』非空言也。固不察其心而驟譏之，過矣。」

朱子語録云：「諸侯年表盛言形〔一〕勢之利，有國者不可無，末却云：『形勢雖强，要以仁義爲本。』」「蓋他也知仁義是個好的物事。」「然遷嘗從董仲舒游，史記中有『余聞之董生云』此等語言，亦有所自來也。遷之學，也説仁義，也説詐力，也用權謀，也用功利，然其本意却祇在於權謀功利。」

王應麟困學紀聞云：「西山真氏云：『六家要旨列儒者於陰陽、墨、名、法、道家之間，是謂儒者特六家之一耳，不知儒者無所不該，五家之所長皆有之。』談之學本於黄老，故其論如此。」

黄氏日鈔云：「案：老子、孔子皆布衣也，太史列孔子於世家，贊其爲至聖；老子則傳之管、晏之次，而窮其弊於申、韓，豈不以申、韓〔二〕之學，又在管、晏功利之下，而老子則申、韓之發源歟？班固謂遷『論大道則先黄老而後六經』，或者未之深察也。」

〔一〕「形」，原作「刑」，據朱子語録卷三八改。
〔二〕黄氏日鈔卷四六「申韓」後有「刑名」。

焦氏筆乘云：「刺客傳序聶政事，極其形容，殆自抒其憤激云耳。於年表則書『盗殺韓相俠累』，蓋太史之權衡審矣。又如列孔子於世家，老子於列傳，而且與申、韓相埒，亦曷嘗先黄老而後六經哉！」

王鳴盛十七史商榷云：「太史公自序述其父談論六家要指，謂陰陽、儒、墨、名、法、道德也。其意以五家各有所長，亦各有所短，并致其不滿之詞，而獨推崇老氏道德，謂其能兼有五家之長而去其短，且又特舉道家之指約易操〔一〕、事少功多，與儒之博而寡要、勞而少功兩兩相校，以明孔不如老。此談之學也。而遷意則尊儒，父子異尚，猶劉向好穀梁，而子歆明左氏也。觀其下文稱引董仲舒之言，隱隱以己上承孔子，其意可見。漢初黄老之學極盛。」「而遷獨不然。漢本傳贊謂遷論大道先黄老而後六經，此本班彪之言，見後漢本傳，而固述之。桓譚謂大司空王邑、納言嚴尤曰：『老聃著虚無之言兩篇，薄仁義，非禮義，然好之者以爲過於五經。自漢文、景之君及司馬遷，皆有是言。』班彪、桓譚皆誤以談之言即遷之意。」

趙甌北陔餘叢考云：「孔子無公侯之位，而史記獨列於世家，尊孔子也。凡列國世家

〔一〕「操」，原作「摻」，據王鳴盛十七史商榷卷六、湖南師範大學圖書館藏鉛印本史記概要改。

與孔子毫無相涉者，亦皆書『是歲孔子相魯』『孔子卒』，以其繫天下之重輕也。其傳孟子，雖與荀卿、騶忌等同列，然叙忌等尊寵處，即云：『豈與仲尼菜色陳、蔡，孟軻困於齊、梁同乎哉！』又云：『衛靈公問陳，孔子不答；梁惠王謀攻趙，孟子稱太王去邠。豈有意阿世苟合而已哉！』皆以孔子、孟子并稱，是尊孟子亦自史遷始也。」

案：史公著述，要旨有四。其於學術則先六經而後黄老，於人倫則主施報而賤陵越，於政治則進嬗讓而黜争奪，於經濟則榮利導而惡兼并。所謂「其學術則先六經而後黄老」者，如

自序云：「周室既衰，諸侯恣行，仲尼悼禮廢樂崩，追修經術，以達王道，匡亂世反之正，爲天下制儀法，垂六藝之統紀於後。作孔子世家。」

又云：「孔氏述文，弟子興業，咸爲師傅，崇仁〔一〕厲義。作仲尼弟子列傳。」

又云：「獵儒墨之遺文，明禮義之統紀，絶惠王利端，列往世興衰。作孟子荀卿列傳。」

儒家以六藝爲宗，六藝由孔子而定，曰「垂統紀於後世」，曰「明禮義之統紀」，

〔一〕「仁」，原作「文」，據史記卷一三〇太史公自序改。

皆轉[一]筆也。至

孔子世家贊云：「孔子傳十餘世，學者宗之，自天子王侯，言六藝者折衷於孔子，可謂至聖矣。」尤極其推崇之至。儒林列傳序言儒術與黃老更迭，盛衰之故，於武帝黜黃老、崇儒術，尤津津言史[二]。曰「天下之學士靡然鄉風」，曰「自此以來，則公卿大夫士吏彬彬多文學之士」，此其不「先黃老而後六經」也，審矣。其他猶有可證明者，如自序云：「李耳無爲自化，清净自正；韓非揣事情，循勢理。作老子韓非列傳。」

老莊申韓列傳贊云：「老子所貴道，虛無因應，變化於無爲，故著書辭稱微妙難識。莊子散道德，放論，要亦歸之自然。申子卑卑，施之於名實。韓子引繩墨，切事情，明是非，其極慘礉少恩。皆原於道德之意，而老子深遠矣。」自序無褒辭，傳贊且推及道家流弊，視孔子世家贊，其推挹之度不侔矣。又史公

[一]「轉」，湖南師範大學圖書館藏鉛印本史記概要墨筆改作「特」。

[二] 案：「史」疑爲「之」之訛。

述儒家之流派，別勒專篇爲儒林傳，分門別類，叙述至詳。而道家之流派，不過附見於樂毅傳贊中，云：

「樂臣公學黄帝、老子，其本師號曰河上丈人，不知其所出。河上丈人教安期生，安期生教毛翕公，毛翕公教樂瑕公，樂瑕公教樂臣公，樂臣公教蓋公。蓋公教於齊高密、膠西，爲曹相國師。」

寥寥數語而已。以此知史公之學術，先六經而後黄老也。

所謂「其於人倫主施報而賤陵越」者，其大旨具於自序篇中。

自序云：「余聞董生曰：服虔云：仲舒也。『周道衰廢，孔子爲魯司寇，諸侯害之，大夫壅之。孔子知言之不用，道之不行也，是非二百四十二年之中，以爲天下儀表，貶天子，退諸侯，討大夫，以達王事而已也。』子曰：『我欲載之空言，不如見之於行事之深切著明也。』春秋上明三王之道，下辨人事之紀，別嫌疑，明是非，定猶豫，善善惡惡，賢賢賤不肖，存亡國，繼絶世，補敝起廢，王道之大者也。」「撥亂世反之正，莫近於春秋。春秋文成數萬，其指數千，萬物之散聚皆在春秋。春秋之中，弑君三十六，亡國五十二，諸侯奔走不得保其社稷者不可勝數。察其所以，皆失其本已。故易曰：『失之毫釐，差之千里。』故曰：『臣弒君，子弒父，非一旦一夕之故，其所由來者漸矣。』故有國者不可以不知春秋，前有讒而弗見，後有賊而弗知。爲人臣者不可以不知春秋，守經事而不知其宜，遭變事而不知其權。爲人君父而不通於春秋之義者，必蒙首惡之名；爲人臣子而不通於春秋之義者，必陷篡弒之誅，死罪之名。其實皆以爲善，爲之不知其義，被之空言而不敢辭。夫不通禮義之旨，至於君不君、臣不臣、父不父、子不子。夫君不君則犯，臣不臣則誅，父不父則無道，子不子則不孝。此四行者，天下之大過也。以天下之大過予之，則受而不敢辭，故春秋者，禮義之大宗也。夫禮禁未然之前，法施已然之後，法之所爲用者易見，而禮之所爲禁者難知。」

昔嘗推演其義，以謂孔子之作春秋也，因魯史之舊文，寓褒貶之義例，衮鉞一時，薰蕕千載，所謂名教立則榮辱公，名分定而是非顯也。或稱春秋爲聖人之刑書，亦稱爲禮義之大宗，禮義、刑律，同原於報，故春秋之旨，因其可褒而褒之，因其可貶而貶之，名實不違，刑罪相副。此其律意輕重，本以濟當王刑賞之窮，而權衡筆削，又所以示〔一〕人倫品目之準。董生其知之矣，曰：「爲人君父而不通於春秋之義者，必蒙首禍之名；爲人臣子而不通於春秋之義者，必陷簒弒之誅，死罪之名。」此其故何也？蓋春秋義例，弒君，稱君，君無道；稱臣，臣之罪。其殺大夫也，稱國則罪在大夫，目君則罪在君上。是故書「宋人弒其君杵臼」，書「晉弒其君州蒲」，以明其爲衆所共棄；書「晉侯殺其世子申生」，書「天王殺其弟佞夫」，以明其骨肉相殘，所謂「爲人君父而不通於春秋之義，必蒙首禍之名」也；「盾不討賊」，「止不嘗藥」，皆不免於大戾，所謂「爲人臣子而不通於春秋之義，必陷簒弒之誅，死罪之名」也。孟子云：「世衰道微，臣弒其君者有之，子弒其父者有之。孔子懼，作春秋。春秋成而亂臣賊子懼。」此固然也。然春秋以正名定分爲經，以名蓋名彰爲用。君不君，臣不臣，父不父，子不子，是名不正而言不順也。春秋口誅筆伐，纖芥必謹，「君不君則犯，臣不臣則誅，父不父則無道，子不子則不孝」，予之以大過而不敢辭，臣子固罪無可逃，君父亦理無倖免。凡所進退，皆視人倫分際以爲之衡，抑又統尊〔二〕上下

〔一〕「示」，曾運乾説報作「立」。
〔二〕曾運乾説報「尊」後有「卑」。

而立之極。是故春秋成，不獨亂臣賊子懼，即爲人君父者亦惴惴焉，有陷於刑辟之慮。舊作釋報。〔一〕董生之説，賢於孟子；史公之旨，本於董生。蓋人類相與，務劑於平，兩得其平，禍乃不作。然上或陵下，卑或踰卑〔二〕，彼此不能循其施報之常，即人類失其和親之道。史公於此，别具權衡，其於「臣子不通春秋之義而陷篡弑之誅，死罪之名」者，固無論，其於「君父不通春秋之義而蒙首禍之名」者，雖未敢公然言之，然其詞氣抑揚之間，固有足以窺其用意者。如

自序云：「桀、紂失其道而湯、武作，周失其道而春秋作，秦失其政而陳涉發迹。作陳涉世家。」

又陳涉世家贊引賈生過秦論云：「秦以六合爲家，崤函爲宫，一夫作難而七廟隳，身死人手，爲天下笑者，何也？仁義不施，而攻守之勢異也。」

是以陳涉之革命比諸湯、武，惡惡擬諸春秋也。

伍子胥傳贊云：「怨毒之於人甚矣哉！王者尚不能行之於臣下，况同列乎！

〔一〕以上引文見曾運乾説報，略有删節。

〔二〕案：「卑」，疑爲「尊」之訛。

向令伍子胥從奢俱死，何異螻蟻。棄小義，雪大耻，名垂於後世。」「非烈丈夫孰能致此哉？白公如不自立爲君者，其功謀亦不可勝道者哉！」是以伍子胥之覆楚鞭屍爲烈丈夫也。

衛世家贊云：「余讀世家言，至於宣公之太子以婦見誅，弟壽争死以相讓，此與晉太子申生不敢明驪姬之過同，俱惡傷父之志。然卒死亡，何其悲也！或父子相殺，兄弟相滅，亦獨何哉？」是以衛宣公之殺太子伋，比諸晉獻公之殺太子申生，骨肉相殘，應同爲春秋所誅絶。以此知史公之於人倫，主施報而賤陵越也。〔二〕

自序云：「唐堯遜位，虞舜不台，厥美帝功，萬世載之。作五帝本紀第一。」「泰伯避歷，江蠻是適，文武攸興，古公王迹。嘉伯之讓。作吴泰伯世家第一。」「末世争利，惟彼奔義，讓國餓死，天下稱之。作伯夷列傳第一。」皆以遜讓開宗明義也。其他文與此相發明者，如

陳杞世家贊云：「舜之德可謂至矣！禪位於夏，而後世血食者歷三代。」

〔二〕案：此以下論「於政治則進嬗讓而黜争奪」，依行文體例，當有一段引起，今脱。

吴泰伯世家贊云：「孔子言：『泰伯可謂至德矣，三以天下讓，民無得而稱焉。』延陵季子之仁心，慕義無窮。」明遜讓之爲美德也。

張耳陳餘列傳贊云：「始居約時，相然信以死。及據國爭權，卒相滅亡。豈非以利哉？名譽雖高，賓客雖盛，所由殆與泰伯、延陵季子異矣。」明爭奪之爲惡德也。他如

漢興以來諸侯王表序云：「形勢雖强，要之以仁義爲本。」平準書云：「自是之後，天下爭於戰國，貴詐力而賤仁義，先富有而後推讓。」

皆爲此意所引申。以此知史公之於政治，主遜讓而非爭奪也。所謂「於經濟分配則尚等差而斥兼并」者，史公之學，出於儒家，而尤於荀子爲近，其經濟思想則全自荀卿出。

荀子禮論篇云：「禮起於何也？曰：人生而有欲，欲而不得，則不能無求；求而無度量分界，則不能無爭，爭則亂，亂則窮。先王惡其亂也，故制禮義以分

之，以養人之欲，給人之求，使欲不窮乎物，物不屈乎欲，兩者相持而長，是禮之所起也。故禮者，養也。」依此，則人類之生，必有生存之欲望，欲求生存，必謀物質之供給，故曰「人生而有欲」，又曰「禮者養也」。

史公貨殖傳序云：「夫神農以前，吾不知也。至若詩書所載虞夏以来，耳目欲極聲色之好，口欲極芻豢之味，身安逸樂，而心矜誇勢能之榮，使俗之漸民久矣，雖户説以眇論，終不能化。」

又云：「富者，人之性情所不學而俱欲者也。故壯士在軍，攻城先登，陷陣却敵，斬将搴旗，前蒙矢石，不避湯火之難者，爲重賞使也。其在閭巷少年，攻剽椎埋，劫人作奸，掘冢鑄幣，任俠兼并，借交報仇，篡逐幽隱，不避法禁，走死地如騖者，其實皆爲財用耳。今夫趙女鄭姬，設形容，揳鳴琴，揄長袂，躡利屣，目挑心招，出不遠千里，不擇老少者，奔富厚也。游閑公子，飾冠劍，連車騎，亦爲富貴容也。弋射漁獵，犯晨夜，冒霜雪，馳阬谷，不避猛獸之害，爲得味也。博戲馳逐，鬭雞走狗，作難相矜，必争勝者，重失負也。醫方諸食技術之人，焦〔一〕神極能，爲重糈也。吏士舞〔二〕文弄法，刻章僞書，不避刀鋸之誅者，没於賂遺也。農工商賈畜長，固求貨益富也。此有知盡能索耳，終不餘力而讓財矣。」

此亦極言人類之欲望，以物質爲斤斤，夫固有史以來皆然也。惟人類欲望無窮，物質供給有限，争奪相殺，謂之人患，於是不得不謀救濟之方。荀子所議及以禮爲之樞紐，即物質之分配，各視其人之身分以爲差别也。

禮論篇云：「禮者，養也。君子既得其養，又好其别。曷謂别？曰：貴賤有等，長幼有差，貧富輕重皆有稱者也。」

王制篇云：「勢位齊而欲惡同，物不能贍則必争，争則必亂，亂則窮矣。先王惡其亂也，故制禮義以分之，使有貧富貴賤之差，足以相兼臨者，是養天下之本也。書曰：『維齊非齊。』此之謂也。」

史公作書，亦同此意。

〔一〕「焦」，原作「篤」，據史記卷一二九貨殖列傳、湖南師範大學圖書館藏鉛印本史記概要改。
〔二〕「舞」，原作「之本」，據史記卷一二九貨殖列傳、湖南師範大學圖書館藏鉛印本史記概要改。

禮書序云：「防其淫侈，救其凋敝，是以君臣朝廷尊卑貴賤之序，下及黎庶車輿衣服宮室飲食嫁娶喪祭之分，事有宜適，物有節文。仲尼云：『禘自既灌而往者，吾不欲觀之矣。』周衰，禮廢樂壞，大小相逾，管仲之家，兼備三歸。循法守正者，見侮於世；奢溢僭差者，謂之顯榮。孔子曰：『必也正名。』」夫天地生物，祇有此數，僭竊原不爲罪，而供養時有難周，故凡享受之超於其名分者，爲禮法所不許，即爲王制所不容。

六國表序云：「太史公讀秦記，至犬戎敗幽王，周東徙洛邑，秦襄公始封爲諸侯，作西時用事上帝，僭端見矣。禮曰：『天子祭天地，諸侯祭其域内名山大川。』今秦雜戎翟之俗，先暴戾，後仁義，位在藩臣而臚於郊祀，君子懼焉。」

平準書云：「宗室有土公卿大夫以下，争於奢侈，室廬車服僭於上，無限度。物盛而衰，固其變也。」

此則史公主張等差分配之説也。至於排斥兼并，荀子固嘗露其端倪。

正論篇云：「聖王之生民也，皆使富厚，優游知足，而不得以有餘過度。故盜不竊，賊不剽[一]。」

富國篇云：「衆庶百姓，則必以法數制之。量地而立國，計利而畜民，度[二]人力而授事[三]，使民必勝事，事必出利，利足以生民，皆使衣食百用出入相揜，必時藏餘，謂之稱數。」

是則前王制法，本以兼足天下爲歸，惟人民有知愚强弱之分，即社會有貧富懸殊之象。

富國篇云：「萬物同宇而異體，無宜而有用爲人，數也。人倫并處，同求而異道，同欲而異知，生也。皆有可也，知愚同；所可異也，知愚分。勢同而知異，行私而無禍，縱欲而不窮，則民心奮而不可説也。」

强脅弱，知懼愚，好惡同物，而私藏於少數人之手，則群衆憤疾之氣，必自一發而不可收者。荀子則主張重農輕商，以爲張弛。

[一]「剽」，荀子卷一二正論篇作「剌」。
[二]「度」，原作「庶」，據荀子卷六富國篇改。
[三]「事」，原作「時」，據荀子卷六富國篇改。

富國篇云：「輕田野之稅，平關市之征，省商賈之數，罕興力役，無奪農時。如是，則國富矣。」又云：「觀國之貧富有徵。上好利則國貧，士大夫衆則國貧，工商衆則國貧，無制數度量則國貧。故田野縣鄙者，財之本也。」大略篇云：「不富無以養民情。故家五畝宅，百畝田，務其業而勿奪其時，所以富之也。」

農業立〔一〕國，易劑於平，工商發展，漸成壟斷。此荀子重農輕商之本旨也。史公立論，亦承此意。

平準書贊云：「自是之後，天下争於戰國，貴詐力而賤仁義，先富有而後推讓。故庶人之富者或累鉅萬，而貧者或不厭糟糠。」又書云：「當此之時，網疏而民富，役財驕溢，或至兼并。宗室有土公卿大夫以下，争於奢侈，室廬輿服僭於上，無限度。」其於兼并之弊，固痛切言之矣；救濟之方，亦惟崇本而絀末。故平準書於漢制摧

〔一〕「立」，原作「三」，據湖南師範大學圖書館藏鉛印本史記概要改。

商之事無貶辭。如云：

「天下已平，高祖乃令賈人不得衣絲乘車，重租税以困辱之。孝惠、高后時，爲天下初定，復弛商賈之律，然市井之子孫亦不得仕宦爲吏。」

「縣官大空，而富商大賈或蹛財役貧，轉轂百數，廢居居邑，封君皆低首仰給。冶鑄煮鹽，財或累萬金，而不佐國家之急，黎民重困。於是天子與公卿議，更錢造幣以贍用，而摧浮淫并兼之徒。」

「置平準於京師，皆受天下委輸。召工官治車諸器，皆仰給大農。大農之諸官盡籠天下之貨物，貴即賣之，賤則買之。如此，富商大賈無所牟大利，則反本，而萬物不得騰踊，故抑天下物，名曰『平準』。」

其意固以爲困辱商賈，即足以摧抑兼〔一〕。自序平準書揭其本旨云：

「維幣之行，以通農商，其極則玩巧，并兼滋殖，争於機利，去本趨末。作平準書以觀事變。」

「去本趨末」「兼并滋殖」，然則先本絀末，即民風之所由敦厚也，道在反之而已。

〔一〕 案：此下疑脱「并」。

平準書贊云：「書道唐虞之際，詩述殷周之世，安寧則長庠序，先本絀末，以禮義防於利。」

其意較然可知矣。然而貨殖列傳，固亦盛富厚之勢，以謂物賤之徵貴，貴之徵賤，爲道之所符而自然之驗也。而自序貨殖列傳則云：

「布衣匹夫之人，不害於政，不防百姓，取與以時而息財富，智者有取焉。」

「不害於政，不防百姓」，即上不驕奢淫佚，以混亂國家之法；下不躧財役貧，以壟斷全國之利也。以此而張貨殖，真周書所謂「工不出則乏其事，商不出則三寶絶」者也，又何防於崇本抑末乎？此則史公摧抑兼并之説也。

至班固論史，又謂其「序游俠則退處士而進奸雄」，此亦有可商榷者。游俠之名，古稱爲「任」。

周官：「太宰以九兩繫邦國之民。六曰主，以利得民。八曰友，以任得民。」劉敞云：「主，讀如孟子『觀近臣以其所爲主』之主。」俞樾云：「主與友義蓋相近。大戴記曾子制言篇云：『有知焉謂之友，無知焉謂之主。』友以任得民，謂爲人所信任也。」調人職云：「主友之讎視從父兄弟。」江永云：「友以任得民，德行道藝相勸，吉相慶，凶相恤，緩急相通。」是也。

「大司徒以鄉三物教萬民而賓興之。二曰六行，孝、友、睦、姻、任、恤。」注：「任，信於友道也。」

「大司徒以鄉八刑糾萬民。五曰不任之刑。」注：「鄭司農云：『任，謂朋友相任。』」

戰國時稱爲「俠」。

韓非子云：「儒以文亂法，而俠以武犯禁。」

漢時稱爲「任俠」。

季布列傳：「季布爲氣任俠。」集解引孟康云：「信交道曰任。」如淳曰：「相與信爲任，同是非爲俠。所謂『權行州里，力折王侯』者也。」

游俠列傳：「劇孟以任俠顯。」「御史大夫公孫弘曰：『郭解布衣，爲任俠行權。』」

其誼在信友道，輕財利。

說文：「俠，俜也。」「甹，或曰俠也。三輔謂輕財者爲甹。」以直報怨，惡聲以反。

禮表記：「子曰：『以德報德，則民有所勸。以怨報怨，則民有所懲。以德報怨，則寬身之人〔一〕也。以怨報德，則刑戮之民也。』」濟人之厄，救民之急。

游俠列傳序云：「布衣之徒，設取與然諾，千里誦義，爲死不顧世。此亦有所長，非苟而已也。故士窮窘而得委命，此豈非人之所謂賢豪間者耶？」本儒家之支流，亦道家之一誼。

韓非子云：「儒分爲八，有漆雕氏之儒。漆雕之議，不色撓，不目逃，行曲則違於臧獲，行直則違〔二〕於諸侯。」

老子云：「大小多少，報怨以德。」

雖爲法家所擯，終不能遇其勢力也。史公序游俠，亟稱其賢。曰：

〔一〕「人」，禮記表記作「仁」。

〔二〕「違」，韓非子卷一九顯學作「怒」。

「今游俠，其行雖不軌於正義，然其言必信，其行必果，已諾必誠，不愛其軀，赴士之困厄，既以存亡死生矣，而不矜其能，羞伐其德。蓋亦有足多焉。」則「信於友道」之義也。曰：

「朱家用俠聞，所藏活豪士以百數，其餘庸人不可勝言。然終不伐其能，歆其德，諸所常〔一〕施，唯恐見之。振人不贍，先從貧賤始。家無餘財。專趨人之急，甚己之私。」則「緩急相救」之風也。曰：

「郭解折節爲儉，以德報怨，厚施而薄望。然其自喜爲俠益甚〔二〕。既已振人之命，不矜其功，其陰賊著於心，卒發於睚眦如故。」則「以直報怨」之旨也。曰：

「諸公聞之，皆多解之義，益附焉。」「少年聞之，愈益慕解之行。」「諸公以故嚴重之，争爲用。」「關中賢豪，知與不知，聞其聲，争交歡解。」

〔一〕「常」，史記卷一二四游俠列傳作「嘗」。
〔二〕「甚」，原作「者」，復爲墨筆圈去，據史記卷一二四游俠列傳改。

則「以任得民」之道也。持與處士相較〔一〕提并論，詞氣抑揚，原無軒輊。伯夷列傳自序且云：「末世爭利，維彼奔義，讓國餓死，天下稱之矣。」烏得以爲「退處士」者乎？游俠傳又云：

「至如朋黨宗强比周，設財役貧，豪暴侵陵孤弱，恣欲自快，游俠亦醜之。余悲世俗不察其意，而猥以朱家、郭解等令與豪暴之徒同類而共笑之也。」

「至若北道姚氏，西道諸杜，南道仇景，東道趙他、羽公子，南陽趙調之徒，此盗跖居民間〔二〕者耳，曷足道哉！此乃鄉者朱家之羞也。」

烏得以爲「進奸雄」者乎？故其自序直云：

「救人於厄，振人不贍，仁者有乎；不既信，不倍言，義者有取焉。」

蓋全本周官九兩之法、六行之教，以論游俠者也。而夾漈鄭氏乃謂：「游俠之徒，未足爲煦煦孑孑之萬一，况能當仁義之重名？」是特法家之見也，豈知司馬遷者哉？錢大昕云：「太史公修史記以繼春秋，其述作依乎經，其議論兼乎子。」今觀上舉諸

〔一〕湖南師範大學圖書館藏鉛印本史記概要墨筆圈去「較」字。
〔二〕「間」，原作「聞」，據史記卷一二四游俠列傳、湖南師範大學圖書館藏鉛印本史記概要改。

端，學術則黜黃老之虛談，崇六終之統緒；人倫則明經世之大略，斥迂儒之瑣談；政治則以賢能嬗讓爲宗，以詐力争奪爲賤；經濟分配則以均遍不偏爲正，以役財兼并爲乖。而又推崇游俠，上欲以分王侯恣肆之權，下欲以平齊民憤嫉之氣。匪獨是非不繆於聖人，抑又旨趣悉通乎經訓。錢氏謂其「述作依乎經，議論兼乎子」，諒矣。

八、辨體

馬遷史記，創條發例，樹紀傳之規模，爲後來所祖述。自楊惲宣播而後，固已傳諸其人矣。然班彪譏其謬於聖人，范升譏其違於經訓，張衡奏其不合經典，譙周糾其不據正經，譏彈百出，瘡痏叢生。及司馬貞作索隱，則蠹生還攻其木；劉知幾著史通，則入室而操其戈，不惟議其事實之牴牾，抑又議其體例之未絕。竊謂史公成一家言，豈宜自亂其例？蓋有托意深遠，諸家索諸眉睫者；有立言微婉，諸家失諸蠡測者。輯而辨之，明其大例，湔其疑似，庶知撰述之職，原不可與比次之功同年而語也。

（一）關於補述三皇者

後漢書張衡傳注「衡條上遷所叙不合事」：「易稱宓犧氏没，神農氏作；神農氏没，黄帝、堯、舜氏作。史遷獨載五帝，不紀三皇，今宜并録。」

唐司馬貞補史記序云：「貞業謝顓門，才〔一〕非博古，而家傳是學，頗事討論，思欲續成先志，潤色舊史。輒黜陟升降，改定篇目。其有不備〔二〕，并采諸典籍，以備闕遺。其所更改，具條於後。」「太史公作史記，古今君臣宜應上自開闢，下迄當代，以爲一家首尾。今闕三皇而以五帝爲首者，正以大戴禮有五帝德篇，又帝繫皆叙自黄帝以下，故因以五帝本紀爲首。其實三皇已還，載籍罕備。然君臣之始，教化之先，既論古史，不合全闕。近代皇甫謐作帝王代紀，徐整作三五曆，皆論三皇以來事，斯亦近古之一證。今并采而集之，作三皇本紀。」

清梁玉繩史記志疑云：「案：孔子删書肇於唐虞，繫易起於包、炎。史公作史，每祖

〔一〕「才」，司馬貞補史記序作「人」。
〔二〕「備」，原作「傳」，復爲墨筆圈去，據司馬貞補史記序改。

述仲尼，則本紀稱首，不從尚書之昉二帝，即從易辭之叙五帝，庶爲允當。」「羲、農實與黄帝、堯、舜爲五帝。繫辭而外，如左傳、國語、禮記月令、漢書律歷志，均號羲、農。政足以表先秦未嘗以羲、農、黄帝爲三皇，而實與〔一〕黄帝、堯、舜爲五帝。後漢書張衡傳，衡表奏司馬遷所叙不合事，請專據繫辭，并録羲、農。潛夫論五德志依易繫記伏羲以來，共求厥真。宋胡宏皇王大紀從之，誠卓識也。畫卦，名官，教耕，嘗藥，即此四端，德業敻絶，非少昊、顓、嚳之能幾矣。」

案：諸家均謂史公著紀，宜首羲、農，衆口雷同，積非成是。然史公五帝本紀贊，説明其意，委曲詳盡，篇首發凡，即爲全書張本也。考史公記載，大例有四。一、考信六藝也。二、依據古文也。三、厥協六經異傳也。四、整齊百家雜語也。本文首言「尚書獨載堯以來」，又言「書缺有間」，是考信六藝也。次舉「孔子所傳宰予問五帝德及帝繫姓，儒者或不傳」，又言「總之不離古文者近是」，是依據古文也。索隱：「五帝德、帝繫姓皆大戴禮及孔子家語篇名。」「古文即帝德、帝繫二書也。」案：禮記亦出孔壁中。漢志：「孔子家語二十七卷。」師古曰：「非今所有家語。」考仲尼弟子列傳贊云：「弟子籍，

〔一〕此處原空闕一字，據清梁玉繩史記志疑卷一補。

出孔子古文，近是。余以弟子名姓文字悉取論語弟子問，并次爲篇。」今家語與仲尼弟子列傳同，是家語亦古文也。次舉「春秋、國語，其發明五帝德、帝繫姓章矣，顧第弗深考，其所表見皆不虚」，是厥協六經異傳也。又言「百家言黄帝，其文不雅馴」，終言「其軼乃時時見於他説。余并論次，擇其言尤雅者」，是整齊百家雜語也。黄帝、顓、嚳之事，尚書雖無徵，而大戴所傳之禮記，孔氏留貽之家語，固孔氏古文也。孔子世家云：「禮記自孔子。」春秋内、外傳，足資旁徵；百家雜語，足供采擇。故著爲本紀書首，明其信而有徵也。至於羲、農之事，雖與黄帝、堯、舜同録於易傳，然上不能溯其受姓之初，下不能明其遞衍之迹，是無帝德、帝繫等章灼之古文也。大皡龍官，詳諸内傳；伏羲鳳〔一〕姓，徵諸國語。見補三皇本紀注。而伏羲、太皡是否一人，史公以前，固無人爲之證實者。又史公記述，多據世本，世本録黄帝以來帝王諸侯系謚名號，劉向别録。未嘗遠逮羲、農也。是徵之六經異傳，遠不如黄帝以來之詳，若乃百家軼説，其出於史公以前者，如管子封禪篇言「虙羲封泰山禪云云」，輕重篇云「伏羲造六峜以迎陰陽，作九九以合天道」；列子黄帝篇言「伏羲蛇身牛首」，山海海内經言「太皡生

〔一〕「鳳」，湖南師範大學圖書館藏鉛印本史記概要墨筆改作「風」。

咸鳥，咸鳥生乘釐，乘釐生後照，後照是始爲巴人」各等語，抑史公所謂「山海經所有怪物，余不敢言之」也。是徵之百家雜語，又遠不逮黃帝以來之雅。故史公直云：「神農以前，吾不知也。」記載無徵，必欲鑿穴附會，則何以不詰孔子之删書斷自唐虞而遠遺帝魁，作春秋托始隱公而不追蹤伯禽耶？史公自序云：「有能紹明世，正易傳，本詩書禮樂之際。意在斯乎？」「於是卒陶唐以來，至於麟止，自黃帝始。」說者謂遷既取正易傳，正宜首紀庖犧，不知易道原諸畫卦，當溯源於仰觀俯察之初；史職原諸書契，不得不取限於官治民察之後。易傳稱「上古結繩而治，後世聖人易之以書契」，繫諸「黃帝、堯、舜氏作」之下，明黃帝以降，始有文字可憑。證之世本，倉頡、沮誦爲黃帝左右史，則易傳之言益信。是則史記之上起軒轅，正明史道之當取正於易傳也。張衡乃反據易傳以議史公之不合，殆不其然。

（二）關於周秦先世者

劉知幾史通本紀篇云：「遷之以天子爲本紀，諸侯爲世家，斯誠讜矣。但區域既定，而疆理不分，遂令後之學者，罕詳其義。案：姬自后稷至西伯，嬴自伯翳至於莊襄，爵乃諸侯，而名隸本紀。若以西伯、莊襄以上，別作周、秦世家，持殷紂以對武王，拔秦始以承周赧，使帝王傳授，昭然有別，豈不善乎？必以西伯以前，其事簡約，別加一目，不足成篇。則伯翳之至莊襄，其書先成一卷，而不共世家等列，輒與本紀同編，此尤可怪也。」索隱云：「秦雖嬴政之祖，本西戎附庸之君，豈以諸侯之邦而與五帝、三王同稱本紀？斯必不可。降爲秦系家。」

史記志疑云：「案：史公以天子爲本紀，諸侯爲世家，三王事簡，不別其代，義統於天子也。若秦莊襄已上，爵在諸侯，而編同本紀，何哉？且秦，天下所共惡也，曰『獷秦』，曰『虎狼秦』，其强暴無道，比於禽獸。即史公亦甚惡秦者，乃分列二紀，與三王殊例，似乎不合，當并始皇作一篇爲允。倘因事繁文重，則依史通、索隱之説，降爲秦世家，拔始皇以承周赧，不亦善乎？水經注四引薛瓚稱秦本紀爲秦世家，改標名目，史通、索隱之所本矣。」

案：郭子燮師云：「知幾所最肆詆者，姬自后稷至於西伯，嬴自伯翳至於莊襄，爵乃諸侯，名隸本紀，宜別作周、秦世家。不知五帝、夏、殷，於事簡略，當時侯國，已多不審，其可指數者并代有天下，太史追叙，取明其源流而已。三代世系，既著於紀，始皇之先，詎得特異？徒以事文之衍，别成一卷。此如循吏僅記〔一〕先朝，而漢廷明於循吏之誼者惟汲、鄭，遂别次爲傳，以續前篇，不復蒙其本號耳。周臣於殷，秦臣於周，後紀有述，以世相次，無所陵越，則何嫌焉？是則周、秦世紀，同序源流，簡則類紀篇端，詳則别成一帙，事同一律，固無俟紛更爲也。」

（三）關於項羽本紀者

葛洪云：「司馬遷發憤作史記百三十篇。項羽列於本紀，以爲居高位者非關有德也。」

索隱云：「項羽崛起，争雄一朝，假號西楚，竟未踐天子之位，而身首别離，斯亦不可稱本紀，宜降爲世家。」

史通本紀篇云：「項羽僭盗而死，未得成君，求之於古，則齊無知、衛州吁之類也。安得諱其名字，呼之曰王者乎？春秋吴、楚僭擬，書如列國。假使羽竊帝名，正可抑同群盗，况其名曰西楚，號止霸王者乎？霸王，即當時諸侯，諸侯而稱本紀，求名責實，再三乖謬。」

〔一〕此處原空闕一字，據湖南師範大學圖書館藏鉛印本史記概要補。

采賾篇云：「遷之紕謬，其流甚多。陳勝之爲世家，既云無據；項羽之稱本紀，何必有憑？」

志疑云：「班彪譏遷進項羽，唐、宋以來，如小司馬補史及史通、後漢書注、容齋隨筆、續古今考諸書，言項羽不得立本紀，皆本班氏。惟路史後記二，謂高祖之王出於項籍，天下之勢在籍，高祖固出其下，以史記紀籍爲得編年之法。蓋與欲作義帝本紀者同妄矣。」

又云：「大事紀書義帝元年，容齋隨筆、路史注皆言史公宜紀義帝。凝道記曰：『史不爲義帝立紀，而以項羽當之，其失爲不知統。』」

郭師云：「知幾又譏項羽僭盜，不得爲紀。推遷之意，秦、楚之際，羽實雄長諸侯，有摻〔一〕之柄，紀綱之存，殆寄諸羽。後此陳壽志三國，以統予魏，而與蜀、吴并列，亦竊取項羽本紀之誼而已。班固撰元后傳，不敢擬之吕后；撰王莽列傳，不敢擬之項羽，致漢世空籍，垂十五歲，莫詳其曆數。茲益疏也。」

今案：自序引董生説，「爲人君父而不通於春秋之義者，必蒙首惡之名。」又曰：

〔一〕「有摻」，湖南師範大學圖書館藏鉛印本史記概要墨筆改作「而操」。

「君不君則犯，臣不臣則誅。」秦爲無道，人得誅之，静則爲春秋之口誅筆伐，動則爲草澤之斬木揭竿。史序陳涉世家云：「桀、紂失其道而湯、武作，周失其道而春秋作，秦失其政而陳涉發迹。」比陳涉於春秋，未免擬於不倫也。然春秋以匹夫而操黜陟之權，與陳涉以匹夫而革帝王之命，静躁安危不同，伐暴救民則一。故史公於項羽本紀序首云：「秦失其道，豪傑并擾。」於秦楚之際月表序首言：「秦既暴虐，楚人發難。」於陳涉世家序則云：「秦失其政，陳涉發迹。」於項羽本紀贊則云：「秦失其政，陳涉首難。」詞重義複，所以示暴秦當春秋誅絶之條也。是故後史視陳、項爲僭盜，而史公則擬陳、項爲湯、武。進陳涉於世家者，所以示春秋大義所存也。項羽本紀自序云：「項梁業之，子羽接之，殺慶救趙，諸侯立之。」案：猶言「諸侯是立」也。秦楚之際月表序云：「初作難，發於陳涉；虐戾滅秦，自項氏；撥亂誅暴，平定海内，卒踐帝祚，成於漢家。五年之間，號令三嬗。」本紀贊云：「羽非有尺寸，乘勢起隴畝之中，三年，遂將五諸侯滅秦，分裂天下，而封王侯，政由羽出，號爲霸王。」是故進項羽於本紀者，一示春秋大義所存，一示天下綱維所繫也。又何疑焉？

（四）關於孝惠本紀者

劉勰文心雕龍史傳篇云：「及孝惠委機，呂后攝政，班史立紀，違經失實。何則？庖犧以來，未聞女帝者也。漢運所值，難爲後法。牝雞無晨，武王首誓；婦無與國，齊桓著盟。宣后亂秦，呂氏危漢，豈唯政治〔一〕難假，亦名號宜慎矣。張衡司史，而惑同遷、固，元帝王后，欲爲立紀，謬亦甚矣。尋子弘雖僞，要當孝惠之嗣；孺子誠微，實繼平帝之體。二子可紀，何有於二后哉？」

索隱云：「呂太后本以女主臨朝，自孝惠崩後，立少帝而始稱制，正合附惠紀而論之。不然，或別爲呂后本紀，豈得全沒孝惠，而獨稱呂后本紀？合依班氏，分爲二紀焉。」

史通鑒識篇云：「劉軌思商榷漢史，雅重班才，惟譏其本紀不列少帝而輒編高后。案：宏非劉氏，而竊養漢宮，時天下無主，呂宗稱制，故借其歲月，寄以編年，而野雞行事，自具外戚。譬夫成爲孺子，史刊攝政之年，厲亡流彘，曆紀共和之日，而周、召二公，各有世家。班氏式遵曩例，殊合事宜。豈謂雖濬發於巧心，反受嗤於拙

〔一〕「治」，文心雕龍史傳作「事」。

目也？」

鄭樵通志呂后紀云：「漢呂、唐武二〔一〕后立紀，議者紛紛不已。殊不知紀者編年之書也，若呂后之紀不立，則八年正朔，所繫何朝？武后之紀不立，則二十年行事，所著何君？不察實義，徒事虛言，史家之大患也。」

又云：「遷遺惠而紀呂，無亦獎盜乎？」

黄東發日鈔云：「惠帝立七年，名惠帝子者踐阼復二人，史遷皆繫之呂后。意者示女后專制之變也。」

官本史記考證：「臣照案：史法，天子則稱本紀者，蓋祖述馬遷之文，馬遷之前，固無所爲本紀也。但馬遷之例〔二〕，并非以本紀爲天子之服物采章，若黄屋左纛然，非天子不可用也。特以天下之權之所在，則其人繫天下之本，即謂之本紀。若秦本紀言秦未得天下之先，天下之勢已在秦也。呂后本紀，呂后固亦未若武氏之篡也，而天下之勢固在呂后，則亦曰本紀也。」

〔一〕「二」，通志卷五上作「之」。

〔二〕「例」，武英殿本史記卷七考證作「意」。

志疑云：「史以吕后作紀，全没惠帝及兩少帝，附見牝朝，未免乖違。班書雖補孝惠，而仍紀高后，削少帝，無怪乎神璽在握，火德猶存，而居攝建年，不編平帝之末；孺子主祭，咸書莽傳之中矣。後之唐書紀武氏，亦緣史誤，而論者謂紀吕、武不没其實，合春秋之法，見新唐書則天后紀贊及示兒編中。豈不異乎？後書張衡傳欲爲元后作本紀；路史辨史遷紀吕、唐史紀武是著其統，以絀吕、武爲非；史通鑒識篇以漢、史本紀不列少帝而編高后爲合事宜，俱屬詭錯。文心雕龍史傳篇、小司馬補史、通志、續古今考并譏史公紀吕之失，當立孝惠紀而以吕后、兩少帝附之，庶幾名禮兩得。長沙周氏士儀史貫曰：『吕后爲漢之罪人，光武罷吕后配享，子孫尚不得私其祖妣，作史者何不正其名位耶？今欲正其謬，於吕氏但歸之世家，而取其行事繫之惠帝紀，斯於義例不爽耳。』余因考唐沈既濟駁吴兢史議：『當紀稱中宗，而事述太后。』唐孫樵經緯集孫氏西齋録：『條高后擅政之年，下繫中宗。』而宋范祖禹因本之作唐鑑，有旨哉。」

郭師云：「紀者，示天下之所由綱維，非名位之判其尊卑也。是以吕后臨朝，亦得次之本紀。漢書之叙元后，顧雜出於臣下，未免爲例不純。」

今案：惠帝既崩，而少帝繼立，本非劉氏，竊養漢宫。時又太后臨朝稱制，則兩少帝之不當立紀，故無俟言。所可商者，則惠帝本紀也。嘗謂春秋以道名分，故曰：「君君臣臣，父父子子。君不君則犯，臣不臣則誅。」循其名當責其實，居其位當任其職。故春秋穀梁傳於隱公不書「即位」，云「成公意也」；公羊傳於桓公書「即位」，亦云「如其意也」。隱公云「成公意」者，所以成其讓國之小道也；桓公云「如其意」者，所以成其篡弑之大惡也。考本紀惠帝即位，無事可書，一則曰「仁弱」，再則曰「仁慈」，既見斷戚夫人手足，乃「以此日飲爲淫樂，不聽政，故有病也」。然則當惠帝在位時，固已由呂后臨朝聽政。史公不紀惠帝者，不没其實，以成其「仁弱」之虚名也。所謂「君不君則犯」也。求之遷例，則共和行政，不書流彘之年；項羽分封，不標義帝之紀，皆此志也。至史公紀呂后，首曰「爲人剛毅」，於孝惠時不書立太子，於孝惠崩後乃云「太子即位」，明非真太子也。書「孝惠皇后時無子，佯爲有身，取美人子名之，殺其母，立所名子爲太子」，明非劉氏子也。太子即位元年，書曰「號令一出太后，太后稱制」，既而幽殺太子，立常山王義爲帝，更名曰弘，又特書曰「不稱元年〔一〕者，以太后制天下事也」。高后崩，大臣誅諸呂，代王入即位，又明書

〔一〕「年」，原作「元」，據史記卷九呂后本紀改。

少帝「非劉氏，不當立。」十七史商榷「少帝諸主皆非劉氏」條云：「史記呂后紀云：『惠帝崩，太子即位。元年，號令一出太后。四月，立孝惠帝之子强爲淮陽王，子不疑爲常山王，子山爲襄成侯，子朝爲軹侯，子武爲壺關侯。二年，常山王薨，以其弟襄成侯山爲常山王，更名義。四年，太后幽殺帝，五月，立常山義爲帝，更名宏。不稱元年，以太后制天下也。以軹侯朝爲常山王。五年八月，淮陽王薨，以其弟壺關侯武爲淮陽王。七年，立皇子平昌侯太爲呂王，更名梁曰呂，呂曰濟川。』其下又叙至『八年七月，太后崩，諸呂欲爲亂』之下，則曰：『當是時，濟川王太、淮陽王武、常山王朝，名爲少帝弟。』以下又叙至『諸呂誅後，大臣謀曰，少帝及梁、淮陽、常山王，皆非真孝惠也。呂后以計詐名他人子，殺其母，養後宮，令孝惠子之，立以爲後，及諸王』云云。其下叙：『立代之後，興居、滕公除宫，謂少帝曰：「足下非劉氏，不當立。」載之出，代王入宫，夜，分部誅滅梁、淮陽、常山王及少帝於邸。』一則曰『非孝惠子』，再則曰『非劉氏子』，其文甚明。所誅梁王，即前封諸呂王，更名梁王，亦更名濟川王名太者也。所誅淮陽王，即前封壺關侯，更封淮陽王名武者也。所誅常山王，即前封軹侯，更封常山王名朝者也。所誅少帝，即前封襄成侯，更封常山王，又立爲帝，初名山，改名義，又改名宏者也。張守節正義引劉伯莊云：『諸美〔一〕人皆先幸呂氏，懷身而入宮生子。』而漢書高后紀於元年既書立二王三侯事，其作表仍以二王入異姓諸侯王，且注云：『皆高后所詐立孝惠子。』又於八年武、朝下皆注云：『以非子誅。』又以義、朝、武及太入外戚恩澤侯表，且注云：『皆呂氏子也。』又五行志云：『惠帝崩，嗣子立，有怨言，太后廢之，更立呂氏子宏爲少帝。』則諸子非劉氏甚明，何氏讀書記謂：『少帝非劉，乃大臣誅諸呂從而爲之辭。』誤也。則呂氏篡盜之迹，已無可疑，是故特紀呂后者，亦不没其實，以暴露其篡奪之謀也。求之遷例，則三家分晋不待静公無後之年，田和篡齊不待康公卒海之歲，皆春秋正名定分、杜漸防微之旨也。不然，史公豈不知惠帝當爲本紀者哉！

（五）關於削除表曆者

南史：檀超與江淹表立齊史條例，謂：「封爵各詳本傳，無假年表。」史通表曆篇云：「馬遷史記，天子有本紀，諸侯有世家，公卿以下有列傳，至於祖宗〔二〕昭穆，年月職官，各在其篇，具有其説，用相考核，居然可知。而重列之以表，成

〔一〕「美」，原作「吕」，據王鳴盛十七史商榷卷二、史記卷九吕后本紀張守節正義改。

〔二〕「祖宗」，史通内篇表曆作「祖孫」。

其煩費，豈非謬乎？」「必曲〔一〕爲詮擇，强加引進，則列國年表或可存焉。何者？當春秋、戰國之時，天下無主，群雄錯峙，各自年世。若申之於表，以統其時，則諸國分年，一時盡見。」

又雜説篇云：「觀太史公之創表也，於帝王則叙其子孫，於公侯則紀其年月，列行縈紆以相屬，編字戢舂而相排。雖燕、趙萬里，而於徑寸之内，犬牙可接；雖昭穆九代，而於方尺之中，雁行有叙。使讀者閲文便睹，舉目可詳，此其所以爲快也。」

六家篇云：「梁武帝敕其群臣，上自太初，下終齊室，撰成通史。大抵其體皆如史記，其所爲異者，唯無表而已。」

史記志疑云：「大事記謂：『史記十表，意義宏深。』通志謂：『史記一書，功在十表。』諒哉斯言。」

案：表與紀傳，相爲出入，凡列侯將相、三公九卿，其功名顯著者，既繫之以傳，此外大臣無積勞顯過者，紀傳不可勝書，而姓名爵里存亡盛衰之迹，要不以遽

〔一〕「曲」，原作「品」，據史通内篇表曆改。

泯；又其事實糾紛，傳中不能悉備者，皆列之於表。經緯不混，一覽瞭如。後史不明此義，則有不才之子，群小之徒，或細行微善，而寄迹簡編；或備位高顯，而標名列傳，米鹽凌雜，狼籍特甚。至於群雄錯峙，氏號互殊，共主爲名，列强角立，事既同於瓜蔓，理不異於亂絲，非資經緯，難詳事實。故曰：「作史無表，則立傳不可不多。傳愈多，文愈繁，而事實或多遺漏。」顧亭林氏誠知言者哉。郭子燮師論史表云：「南齊檀超、江淹表立條例，謂封爵各詳本傳，無假年表。知幾亦稱梁武通史，例同超、淹。尋表以隱括缺遺，誼取事文曲備；列傳以泛涉他端，誼取旌别殊異。故列傳不嫌疏闊，而表必從詳明。超、淹顧欲取詳本傳，革去年表，焉得爲史法之良者哉？」又云：「凡表之立，以約事之繁賾，儻非破碎難明，焉所用表？分合以時，不可泥執。又因取例既窮，必别求通變之法耳。」此其所論，則與知幾群雄錯峙中之以表之説，互相發明。分合以時，不可泥執，故是酌分寸、刊枝葉之言也。

（六）關於三代世表者

史記索隱云：「案：此表依帝繫及系本，其實叙五帝、三代，而篇唯名三代系表者，以三代代系長遠，宜以名篇。且三代皆出自五帝，故叙三代要從五帝而起首也。」

正義云：「言三代者〔一〕，以五帝久古，傳記少見，夏、殷以來，乃有尚書略有年月，比〔二〕於五帝事迹易明，故舉三代爲首表。」

志疑云：「案：世表依本紀，起五帝至三王，表中亦明標曰『帝王世』，則篇題當云帝王世表，乃止稱三代，何也？索隱謂：『三代長遠，且皆出自五帝，故以名篇。』正義謂：『五帝久古，傳記少見，夏、殷以來，事迹易明，故舉三代爲首。』豈其然哉？」

官本考證云：「臣德齡案：五帝時以天下爲公器，子賢則傳子，子不賢則更擇人。故黄帝不立其子元囂、昌意，而立其孫高陽；高陽不立其子窮蟬，而立其族子高辛；高辛以長而立摯；摯崩，堯踐大位，内外咸服，略無疑阻；及堯禅舜，舜禅禹，舉大統之傳，若行所無事，公天下之勢〔三〕使之然也。自禹底定山川，咸則三壤，成賦中邦，勢乃不得不家天下，蓋運會自然而然，非禹有所利於其間。自是而大統歸於一姓，禪讓不可復行。曰夏、曰殷、曰周，遠紹五帝，列爲三代，立隆萬世。史遷表而叙之，所以作以後萬萬世有

〔一〕史記卷一三三代世表張守節正義無「三」。

〔二〕「比」，原作「此」，據史記卷一三三代世表張守節正義改。

〔三〕「勢」，原作「摯」，據武英殿本史記卷一三考證改。

天下者之模範也。以本紀首述五帝，而三代世系又皆出於黄帝，故仍自黄帝叙起，而名其篇則曰三代世表。司馬貞索隱但以三代代系計論，似未竟其義。

郭子燮師云：「年經事緯，謂之表。絲横出者爲緯，縱出者爲經。太史以三代年數莫稽，僅世次可考，於是爲作世表，以帝王爲經，而緯之以系屬，殆猶十二諸侯、六國之旨也。遷叙五帝，而表惟言三代，夏表言『從黄帝至桀二十世』，殷表言『從黄帝至紂四十六世』，并厠而表後。周表終於共和，特於武王下繫云：『從黄帝至武王十九世。』三代并自黄帝，因推而致之，表非爲五帝作也。據此，則三代世表上推系屬，殆猶述陶唐而始自軒轅，紀殷、周而遠詳稷、契，追詳先世，取備源流也。然則何以不作五帝世表乎？曰：傳者久則略論，近則論詳。五帝久古，世次難稽，本紀所詳，已多罅漏。堯、舜同祖黄帝，堯爲黄帝之玄孫，舜爲黄帝之九世孫，則二女釐降，是以族曾孫而上婚其族祖姑。契、稷同爲黄帝玄孫，而從黄帝至紂四十六世，從黄帝至武王十九世，則八百會盟，是以二十七世孫而見伐於其二十七世祖。其誰信之？表序云：『孔子因史文次春秋，紀元年，正時月日，蓋其詳哉！至於序尚書，則略無年月，或頗有，然多缺不可録，故疑則傳疑，蓋其慎也。』是故表三代世者，詳其所可詳也；不表五帝世者，慎其〔一〕所當慎也。索隱云：『三代皆出自五帝，故叙三代要從五帝而起。』是溯源五帝之旨也。正義云：『夏、殷以來，比於五帝事迹易明，故舉三代爲首。』是篇題三代之旨也。三皇之事，若存若亡；五帝之事，若覺若夢。以故紀首黄帝，不遠溯於三皇；年紀共和，不追蹤於魏簡。即其所述，尚有信以傳信，疑以傳疑者，故曰：『非好學深思，心知其意，固難爲淺見寡聞道也。』」

（七）關於十二諸侯年表者

史記志疑云：「竊怪史公以共和紀年，大違『天王出居，公在乾侯』之義。夫厲以得罪於民，流彘不返，共和攝政，王號固在也，奈何削之？史公作史，往往有不可解處。共和攝〔二〕諸侯，而取以紀元；韓之武子，趙之簡、襄，魏之〔三〕桓、獻，身爲大夫，而紀其年於晋存百年之前；惠帝不立本紀，反以吕代劉，睹斯衆論，咸成乖越。後此如

〔一〕「其」，原作「不」，據湖南師範大學圖書館藏鉛印本史記概要改。
〔二〕「攝」，梁玉繩史記志疑卷三作「爲」。
〔三〕梁玉繩史記志疑卷三無「魏之」。

孺子猶在，班書附居攝之中；中宗見存，唐史述〔一〕則天之紀。他若宋呂祖謙大事記以義帝紀元，劉氏外紀惑於漢人周公踐祚之説，别列周公攝位七年，豈非踵仍亂例耶？歐陽公春秋論有言：『伊尹、周公、共和之臣嘗攝矣，不聞商、周之人謂之王也。』此足定載筆之失。」

史記索隱云：「篇言十二，實叙十三者，賤夷狄不數吴，又霸在後故也。不數吴而叙之者，闔閭霸盟上國故也。」

蘇洵論史云：「遷表十二諸侯，首魯訖吴，實十三國，而越不與焉。夫以十二名篇，而載國十三，何也？不數吴也。皆諸侯耳，獨不數吴，何也？用夷禮也。不數而載之，何也？周裔而伯盟上國也。春秋書哀七年公會吴於繒，書十二年公會吴於橐皋，書十三年公會晋侯及吴子於黄池，此其所以雖不數而猶〔二〕獲載也。若越區區於豺狼狐狸之與居，不與中國會盟以觀華風，而用夷狄之名以赴，故君子即其自稱以罪之。春秋書定〔三〕五年於

〔一〕「述」，梁玉繩史記志疑卷三作「著」。
〔二〕「猶」，原作「獨」，據蘇洵嘉祐集卷八史論、湖南師範大學圖書館藏鉛印本史記概要改。
〔三〕「定」原脱，據蘇洵嘉祐集卷八史論補。

越入吴，書十四年於越敗吴於携李，書哀十三〔一〕年於越入吴，此春秋以夷狄畜之矣。苟遷舉而措之諸侯之末，則西戎〔二〕、獫狁亦或庶幾乎其間，是以絶而棄之，將使後之人君觀之曰：不知中國禮義，雖勾踐之賢，不免乎絶與棄。則其賤夷也，不亦簡而明乎？」

史記志疑云：「案：表實十三國，而唯云十二；天官書及自序傳亦皆言十二，殆〔三〕不可解。索隱謂賤夷狄不數吴，蘇洵論史漢主此説，余深以爲不然。吴爲泰伯之後，安得以夷狄外之，此春秋三傳之謬論耳。如以夷狄外之，則楚亦夷狄，乃進異姓而斥宗盟，寧有是理？且世家又奚以首吴耶？」

郭子燮師云：「史表三代之世，自成王下，疏别侯國，周室之外，凡爲國十一，具表爲目，與前分次帝屬，絶不兩通。殆十二諸侯表，所以互著春秋諸要難。平王東遷，漸積以成乎不振，萌芽於共和之初，於是托始共和以原其禍，始明周之所由衰也。而共和已前，不能爲略，因又斷自厲王奔彘，隸三代末，終周之盛也。表十二諸

〔一〕「三」原脱，據蘇洵嘉祐集卷八史論補。
〔二〕「西戎」，蘇洵嘉祐集卷八史論作「山戎」。
〔三〕「殆」，梁玉繩史記志疑卷八作「殊」。

侯，終於敬王之崩，明春秋之局至孔子之没而訖。」又云：「十二諸侯，依春秋爲叙，吴通上國，在其季世，故表雖附隸，自從其略。」

案：十二諸侯年表，始共和，訖孔子，明春秋之局也。春秋之周〔一〕，自共和而啓，訖孔子而定。表序云：「厲王以惡聞其過，公卿懼誅而禍作，厲王遂奔於彘，亂自京師始，而共和行政焉。是後或力征，强乘弱，興師不請天子。然挾王室之義，以討伐爲會盟主，政由五伯，諸侯恣行，移〔二〕不軌，賊臣簒子滋起矣。」明春秋之局，自共和而啓也。又曰：「齊、晋、秦、楚，其在成周微甚，封或百里，或五十里。晋阻三河，齊負東海，楚介江、淮，秦因雍州之固，四國迭興，更爲伯主，文、武所褒大封，皆威而服焉。是以孔子明王道，干七十餘君，莫能用，故西觀周室，興於魯而次春秋，上記隱，下至哀之獲麟，約其辭文，去其繁重，以制義法，王道備，人事浹。」明春秋之局，至孔子而定也。故曰：「表見春秋、國語，學者所譏盛衰大指著於篇。」其盛也，則五伯迭主齊盟；其衰也，則吴、越憑陵上國，終於三家分晋，田氏

〔一〕案：「周」，疑爲「局」之訛。
〔二〕「移」，武英殿本史記卷一四十二諸侯年表作「侈」。

篡齊，陵夷以至於戰國。年表始於共和，終於吳滅。共和者，春秋之局所由成；吳、越者，六國之局所由兆也。此史公之旨也。然則何以不録厲王乎？曰：厲王監謗，道路以目，國人弗忍，流王於彘。夫春秋之義，王者無出，曰「天王出居於鄭」，不能乎母，所謂「子不子則不孝」也。史稱「厲王出奔於彘」，周本紀。不能乎民，所謂「君不君則犯」也。孝惠制於其母，本紀削而不言，魯昭居鄆不書，春秋隱以徵過，左昭三十年傳：「公在乾侯，不先書鄆與乾侯，非公，且徵過也。」事同一律，又何譏焉？然則何以不數吳乎？曰：泰伯讓國，荆蠻義之，從而歸之者千餘家，非利其土地也。四傳至周章，未受封而已君其地。更表於十二諸侯，皆言其始封，惟吳獨否。又十四傳至壽夢，君其地而仍用其禮。史公命之曰「荆蠻之吳」，曰「荆蠻」「句吳」，蓋斥其用夷禮，而不能進於中國也。至夫差則負其強力，横行淮北，會繒而徵百牢，會晋而争先歃。春秋説云：「黄池之會，齊、晋前驅，魯、衛參乘，滕、薛夾轂而趨。」則豈吳先歃，晋亞之，以禮義動哉？春秋書之曰：「公會晋侯及吳子於黄池。」説者云：「先晋，晋有信也。後吳，外之也。」齊、晋之勢弱而霸局告終，吳、越之釁成而吳宫亦沼。史不數吳，儻猶春秋外之之旨歟？

（八）關於六國年表者

索隱云：「六國，乃魏、韓、趙、楚、燕、齊，并秦凡七國，號曰『七雄』。」

志疑云：「案：表實列七國，所謂『七雄』，天官書亦言『七國相王』，而乃曰六國，蓋與十三諸侯表稱十二侯同誤已。」

又云：「案：世表及十二侯表以齊、晉、秦、楚、燕爲次，世家以齊、燕、晉、楚、趙、魏、韓、田爲次，而此又不同。考魏表附衛〔一〕，韓表附鄭，楚表附魯、蔡，齊表附宋，以五國爲魏、韓、楚、齊所削滅也。晉爲三家共滅，魏分晉都有之，故載晉於魏表。而晉滅於周安王二十六年，此表起於元王，則晉傳六世，歷百年，君臣之義未改也，乃驟奪其君而予其臣，褒篡效逆，豈春秋存陳之道乎？成王在幼，曾未傳周旦改元〔二〕，即昭公出奔，亦不聞季孫更號。而不附三家於晉，反附晉於魏，未免倒置。况田齊同一盜國之臣也，然必俟康公已薨，呂祀已絶，始以田氏紀年，史公未嘗不見及之，何三家偏標名於

〔一〕「魏表附衛」，原作「衛表附魏」，據梁玉繩史記志疑卷九、湖南師範大學圖書館藏鉛印本史記概要改。

〔二〕「元」，原作「周」，據梁玉繩史記志疑卷九改。

晉存百年之前哉？三家紀年，必在[一]周威烈王二十三年初命爲侯之時，當魏文侯二十二年、韓景侯六年、趙烈侯[二]六年。若依史法，方應貶削不書，遲至晉滅以後。」郭子夔師云：「史因秦紀，以踵春秋，起元王及秦二世，表六國時事。赧王既卒，東西兩周，事列秦中，虛存周目。迨始皇之元，周目始除。田齊云滅，又并餘目，條具秦政，不復依表體。當時與秦相始終者，獨有燕、楚、陳、曹。前元王滅絶，已具前表，而三晉之分，當安王二十六年，凡書晉年，繫之於魏。烈公之立，文侯實以兵馬誅亂也。蓋自知伯與三晉共分范、中行地[三]，已儼同小侯。及知伯之亡，三晉之勢益張。索隱本魏始桓子，韓始康子，獨趙不始襄子，而繫簡子於元王之世，趙年可歷，遂從其詳，韓、魏無徵，固從其略，取足爲信耳。魏獻卒，當魯定公元年；韓宣卒，當魯昭公二十八年。證之世家言，桓子之先有侈，襄子之先有貞子、簡子、莊子，則籍元王時者，靡得而目言之。他本錯列魏獻、韓宣，必後人之妄增，即世家稱韓宣侵范，儻史公之誤歟？田齊篡

[一]「在」，原作「存」，據梁玉繩史記志疑卷九改。
[二]「侯」，原作「王」，據梁玉繩史記志疑卷九改。
[三]「地」，原作「池」，據史記卷三九晉世家改。

姜，當安王二十四年，元王籍中大書平公驁，不列田族，年世相次，比諸六雄。姜氏雖夷，國號無改，不加別白，殆實由此，且無裂出也。若鄭滅於韓，魯、蔡滅於楚，宋滅於齊，魏臣服於衛，卒以殘削，各書立時年，寄諸四國之籍，不甲乙其歲時，主客秩列，無患喧奪。吳滅於越，而地卒入楚，亦具書於楚，以卒前事。雖離合殊致，本末自具，密乃不棼，疏復無漏，殆亦極經營之勞矣。」

案：六國年表爲後世史家所斷斷者，最爲三晉紀年。考安王二十六年，韓、趙、魏分晉，魏、韓紀元於威烈〔一〕，前於晉亡者四十九年。趙紀年於元王，前於晉亡者且百載。志疑以爲：「驟奪其君以予其臣，褒篡效逆，豈春秋存陳之道。」予謂春秋之義，制治於未亂，保邦於未危，故曰：「爲人君者不可以不知春秋，前有讒而不見，後有賊而弗知。」由辨之弗蚤辨也。史表之敘六國也，上溯原於秦作西時，臚於郊祀；中推極於六卿擅晉，田常弑君；而終結之曰三家分晉，田和篡齊，六國之盛自此始。蓋種因於數百年以前，禍乃發於數百年以後，故曰：「臣弑君，子弑父，非一朝一夕之故，其漸久矣。」晉之危弱，始於出公而成於幽公，四卿分范、中行地，出公

〔一〕「威烈」，原作「滅烈」，據史實改。

見逐；三家分智伯地，幽公反朝焉，馴至宗國夷如守府，朝見等諸附庸，晉世家：「幽公之時，晉畏，反朝韓、趙、魏之君。獨有絳、曲沃，餘皆入三晉。」六國表：「晉幽公服韓、魏。」君主由其廢置，世家索隱引年表云：「魏誅幽公，立其弟止。」國土任其分割，以此立國，名實俱舛。史表魏、韓、趙建國於出公之初，魏、韓紀元於幽公之世，分合以時，本無乖越。不咎出公之無能、幽公之怯懦，而責後史之不當改號紀元，是欲依史臣之筆削，繫國姓之存亡，縱孺子別裁本紀，豈足以戢新莽之奸；縱大書帝在房州，亦豈足以褫武周之魄耶？鄭樵以不察事實、徒事虛言爲史家之大患，殆信然也。志疑又謂：「田齊與三晉同一盜國之臣，然必俟康公已薨，呂祀已絶，始以田氏紀年，何三家偏標名於晉存百年之前哉？」此亦似有誤會。表中所列，齊平附齊，殆猶晉定附魏之比。六國表之齊爲田齊作，非爲姜齊作也。知者，齊世家後序云：「田、闞争寵，姜姓鮮亡。」讀書雜志云：「鮮，讀爲斯。」考周安王二十四年，齊康既卒，田始并齊，上距田、闞争寵、簡公見弑，亦百有餘年矣。史公顧以爲姜姓斯亡者，齊世家云：「田常弑簡，平公即位，田常相之，專齊之政。」十二諸侯年表：「敬王三十九年，田常弑簡公，立其弟平公。常相之，專國權。敬王四十年，平公鰲元年，齊自是稱田氏。」志疑云：「案：呂氏雖微，豈有君從臣姓之理？『稱』字疑當爲『歸』也。然各本俱作『稱』，而徐廣於齊世家引表亦同，似實有改姓之事，殊不可解。」此則國柄倒持，國姓更易，不待康公卒海之歲，姜齊已易爲田齊矣。其不爲田常以下紀年者，抑猶趙年可歷，遂從其詳；韓、魏無徵，故從其略耳。故曰六國表之齊，非姜齊也。史公溯晋禍於六卿擅權，晋世家贊云：「悼公以後日衰，六卿專權。故君道之御其臣下，固不易哉。」而志疑膠於三家分晋之歲；決姜亡於田、鬬爭寵，而志疑泥於康公物化之年，差之毫釐，謬以千里，亦豈得爲好學深思、心知其意者哉！

（九）關於秦楚之際月表者

廿二史考異云：「史公意主尊漢黜秦，以漢繼三代，不以漢繼秦。故六國表附秦，而不別列秦表；月表夷秦於楚項，不稱秦漢之際也。」

史記志疑云：「大事記依史表以義帝紀元，義帝死，劉、項分書；項滅，方書漢。綱目祖之，竊所未安。而方回深加嘆服，不免阿好。漢表升漢爲第一格，削義帝不書。」

孫德謙太史公書義法云：「明季貴池吳某著楚漢年表，作義帝本紀，斥項羽爲僭盜，將以正史之非。乃余觀秦楚之際月表，其中獨義帝稱元年，怳然。序文之『號令三嬗』，非爲質言，不可拘執其說，史公殆早以漢之帝統親接義帝也。」

又云：「秦楚之際月表大書義帝元年，寓春秋變一爲元〔一〕爲王者正始之意。」

郭師云：「秦、楚之際，歲計不足，月計有餘，於是爲造月表。然雖以月紀，猶不廢二世、義帝之年也，其意以爲繫月無殊於舉年耳。」

又云：「月表始二世二年六月，終子嬰立之三月。義帝爲楚，霸王爲項，分置二目。義帝既代秦，超書秦後，楚〔二〕項故目，中剖爲四，項爲西楚，餘分爲衡山、臨江、九江，散列其下。他分者例并仿此。」

案：月表標題「秦楚」，有謂夷秦於楚項者，有謂漢承於義帝者。謂夷秦於楚項者，以六國表附秦而不别列，月表夷秦於楚而不特書。不知秦皇統一，列國既并，侯封又黜，本非繁雜，烏用表爲？至二世元年七月以後，豪傑并起，楚、項、趙、齊、漢、燕、韓、魏，依次編列，具書於表。其以二世冠諸月表者，正猶十二諸侯及六國年表以周領帶群倫也。且月表中唯秦、漢記月編年，相承一貫，履端於始，歸餘於終，示侯國之綱維，明秦、漢之系統；自餘他國，率記月數，與時存亡，正以漢繼秦

〔一〕「變一爲元」，原作「變爲一元」，據孫德謙太史公書義法序改。

〔二〕此處原空闕一字，據湖南師範大學圖書館藏鉛印本史記概要補。

之徵，烏得云夷秦於楚項耶？言漢承義帝者，以謂沛公入關之約，諸侯義帝之尊，既嘗北面爲臣，斯即正統所寄，故月表大書義帝元年，變一爲元，所以示天下綱維所繫。不知懷王之立，原諸項梁，義帝之尊，亦由項羽。趙孟所貴，趙孟能賤之，世有假借名義之帝王，寧有因人成事之湯、武？尊之爲正，不聞其伐暴救民；明其爲統，未聞其承先啓後，故其〔一〕年月雖備書秦楚月表，而始末仍附載項羽紀中。紀季入齊，顓臾附魯，求之史例，則寄傳也。表序云：「初作難，發於陳涉；虐戾滅秦，自項氏；撥亂誅暴，平定海内，卒踐帝祚，成於漢家。五年之中，號令三嬗。」索隱云：「三嬗，謂陳涉、項氏、漢高祖也。」後序亦云：「秦既暴虐，楚人發難，項氏遂亂，漢乃扶義征伐，八年之間，天下三嬗。」是則功業不由而成，政令不由而出，當時既坐擁虚名，猶欲後史永戴爲共主，正名之旨〔二〕，豈曰攸宜；貪天之功，終非己力。陳涉進諸家〔三〕，義帝不登列傳，無功可録，應仍附見也。至謂史公月表獨稱義帝元年，

〔一〕「其」，原作「國」，據湖南師範大學圖書館藏鉛印本史記概要改。
〔二〕此處原空闕一字，據湖南師範大學圖書館藏鉛印本史記概要改。
〔三〕案：「家」前疑脱「世」。

殆以漢之帝統親接義帝者，則項羽本紀、高祖本紀，沛公軍先至霸上，已大書漢之元年，即月表中沛公入關、秦王子嬰降，亦已變一爲元，大書漢元年矣。則史公久以漢之帝統直承秦統，又奚待親接義帝耶？

（十〔一〕）關於漢代諸侯王表者

漢興以來諸侯年表　高祖功臣侯者年表　惠景間侯者年表　建元以來侯者年表　王子侯者年表

史通表曆篇云：「兩漢御曆，四海成〔二〕家，公卿既爲臣子，王侯才比郡縣，何用表其年歲，以別於天子者哉？」

郭子變師云：「漢興以來諸侯，名雖爲王，與古侯國等，而郡邑分并不常，經以年時，緯以侯國，蓋表之正法也。及叙高祖功臣侯、惠景間、建元以來侯者等表，又以國爲經，以年爲緯，大抵首著國名，次陳侯功，然後以次歷其年紀。諸帝各爲一格，惟功臣侯第，

〔一〕「十」，原訛作「大」，據體例及湖南師範大學圖書館藏鉛印本史記概要改。
〔二〕「成」，原作「一」，據史通内篇表曆及下文改。

其封國先後與所定等列不契，别著爲一格，叙於年下。然以天子紀年，亦互著侯國歲紀，春秋書十二公元年，不繫諸周室，斯其比已。如高祖在位十二年，封當六年，逮高祖之崩，則侯已七年，準此乘除之，封君薨，子孫嗣侯，當一帝之世，一格之一，又夾注爲二。薨者上屬，嗣者下屬，而微空中以爲之界。建元以來、王子侯者，首列國名，次陳王子號，餘并與侯表例同。」

又云：「史公表漢興侯王，首例帝年，析目二十有六，繼接其下，年時早莫，稽之於經，國號變遷，鈞〔一〕之於緯。初置、罷除、復立，部次井井，舉目并詳。置、復備書，罷除遂空其籍，此豈鹵莽可就者哉？其表高祖功臣侯者、惠景間侯者，分世立限，無異姓之區别；建元以來侯者、王子侯者，類族建名，亦無外戚、恩澤之剖析。非同姓不王，非侯臣不侯，漢之制也。當漢興之初，王固不必同姓矣，即同姓侯者，類以功自見，而惠、景間同姓又難别立專篇，故綜合爲一。外戚、恩澤之封，惠、景最爲多。建元以來，公孫弘以丞相封平津，姬嘉以周後封周子南君，欒大以方術侯樂通，石慶以丞相及先人謹德侯牧丘，諸恩澤散見篇中，固無嫌其淆奪也。」

〔一〕「鈞」，湖南師範大學圖書館藏鉛印本史記概要墨筆改作「鉤」。

案：史公勒表，條流精密，先師釋例，推勘入微，無閒然矣。唯知幾所稱「紀傳世家具有其説，用相考核，居然可知，而重列之以表，成其煩費」，尚未有能折衷其説者。昔嘗論之云：周官：「小史掌奠繫世。」「瞽矇掌世奠繫。」鄭注：「繫世，謂帝繫、世本之屬。」賈疏：「天子謂之帝繫，諸侯謂之世本。」則王侯譜系，掌於史官，其來尚矣。左氏因周氏舊史，以次世本，有帝繫篇，叙帝王之系號；有世家篇，述諸侯之族屬。又別爲王侯大人譜以明之。馬遷有作，仿帝繫篇而作三代世表，仿王侯大夫譜而作十二諸侯、六國年表及漢興以來諸侯王等表，近仿丘明，遠源周史也。雖然，古之制天下也私，後之制天下也公。私者分土地以與功臣，建屏藩以資夾輔。周建五等，列國數十，匪爲伯叔之國，即是甥舅之邦，且親親之誼，推而彌廣。諸侯以世其氏，公卿以世其官，勛舊皆喬木之臣，列國悉股肱之寄。是故天潢貴胄，華閥鉅家，其記載不可以不備。至秦并天下，改爲郡縣，國無世官，仕無世禄。自漢而降，階級悉泯，或布衣躋爲丞相，或列侯免爲庶人，登庸者不叩其門第，輔導者不限於懿親，是則世系之譜，其記載不必特詳。時勢有殊，未可强同也。雖兩漢御曆，亦嘗衆建諸侯，然數世而後，强者芟夷，自餘小邦，制於守相，名雖君國子民，不得治民補吏，封建之義，實已大乖。史家必審其年月，究其廢興，纖悉備書，成其煩費，亦大泥矣。嘗謂史公述表，有綜一時紛難者，有述一時大事者，錯綜參互，匪拘一格。舉其大凡，則十二諸侯、六國年表，綜紛難者也；將相名臣表，述大事者也。論其隱微，則綜紛難者亦詳大事，六國表末之遂言秦政是也；述大事者亦詳紛難，將相名臣表之并書封建是也。是故散爲十目，總爲一篇。三代世表，始於黄帝，終於厲王；十二諸侯年表，始於共和，終於敬王；六國年表，始於元王，終於秦二世；將相名臣年表，始於高帝，窮於漢武。褚生補表，又推而極之於成帝鴻嘉，繩貫珠聯，悉成一系。若夫秦楚之際月表，自六國表而羨出者也；漢興諸侯王、功臣侯者等五表，自將相名臣表而羨出者也。表之羨出於六國者，分立之世，群雄錯峙，申之以表，舉目可詳，知幾所謂「晋氏播遷，南據揚、越，魏宗勃起，北雄燕、代，其間諸僞，十有六家，不附正朔，自相君長。崔鴻著表，頗有甄明。比諸史、漢群篇，其要爲切者矣」。表之羨出於將相名臣年表者，統一之世，事仰時王，雖有封建，名存實去，無取年經事緯，故事紛繁，知幾所謂「兩漢御曆，四海成家，公卿既爲臣子，王侯才比郡縣，何用表其年數，以别於天子」。斯篤論也。後人泥史公羨出之文，不知分合以時之義，一概并書，遂成嗤點，此宜亟予變通者也。

（十一）關於漢興以來將相名臣年表者

郭子燮師云：「漢興以來將相名臣〔一〕，亦年經事緯，首大事記，次相位，次將位，又次御史大夫位，而以年紀爲之冠。高二年之立太子，五年之都關中，此大事也。顧錯出於年紀，景二年之置司徒官，倒書相位中，而將位中不書遷官者誰某。漢紀明言漢總稱丞相，哀帝元壽二年，更爲大司徒，安得景帝時置之？疑并出傳寫之失。相卒、免倒書大事記中，而嗣官者書於將位，御史亦超書卒、免於將位，文皆倒寫，惟一格之中，不作兩排重讀，與餘位小異。班固因之，作百官公卿表，而析卷爲二，上卷叙官，書志之屬也；下卷表人，始爲表曆之體。與遷異者，不記大事而記官加詳，卒、罷不更倒出而已。」

〔一〕「臣」原脱，據湖南師範大學圖書館藏鉛印本史記概要補。

案：史公將相臣表，亦知幾所譏爲「款曲重〔一〕沓」「成其煩費」者也。昔亦嘗論之。周官：「御史掌贊書，凡數從政者。」鄭注：「自公卿以下至胥徒凡數，及其現在空缺者。」夫南官三百六十，指數其人，登書於册，不嫌繁重者，蓋王者幅員廣遠，政事殷繁，則授其權於冢宰。冢宰又受其於百官，官治法行，官窳法敗，用人行政，此其大綱。御史備〔二〕書其數，官吏賢否無所隱，百官詮叙有所稽。周代盛時，所由釐百工而熙庶績者也。馬遷述漢，自紀、傳、世家外，别〔三〕表將相名臣，上列大事，下列三公。大事列，備書誅伐封建；三事列，備記置罷遷免。書封建不逮群侯者，不以天〔四〕潢宗籍爲史也；書遷除不逮九卿者，不以方司殿格爲史也。立法本諸周官，植體仿諸周譜，繁簡合度，體例無畸。群雄錯峙之日，則以十二諸侯、六國、秦楚之際等表備述要難；四海成家之日，則以將相名臣表彰顯賢愚。自此以往，引而勿替，

〔一〕「重」，原作「香」，據史通内篇表曆改。
〔二〕「備」，原作「倘」，據湖南師範大學圖書館藏鉛印本史記概要改。
〔三〕「别」，原作「則」，據湖南師範大學圖書館藏鉛印本史記概要改。
〔四〕「天」，原作「尺」，據湖南師範大學圖書館藏鉛印本史記概要改。

雖百世可也。班固爲百官公卿表，頗意效法馬遷，而亦互有詳略。考班之立法，上列三公，中列九卿，下列三輔，官列三十六職，格才一十四級，或以官聯共居一格，或以沿革并著篇端，類附班分，亦極經營之能事。然不記大事，無以〔一〕窺興衰治亂之原；并列公卿，無以示綱紀群倫之法。作者既用意過密，閱者自理董爲艱，以效史公，殆猶遺神而襲貌也。又史公立例，置罷卒免，例皆倒書，本周譜邪〔二〕上之規，殆亦周史贊書之法。梁玉繩史記志疑云：「考梁書劉杳傳、史通表曆篇俱引桓譚新論云：『太史公三代世表旁行斜上，并效周譜。』今表有旁行而無斜上，久失其舊。」竊意三代世表之旁行斜上，固不能窺，而將相年表之正書、倒書，儻即其例，條流精密，一覽瞭然。卒免見諸上行，遷除彰諸下列，既爽眉目，又便檢尋。班氏忽而不書，自以爲取例經〔三〕易，不知其遷免混淆。此亦襲貌而遺神之一端也。

〔一〕「以」原脱，據湖南師範大學圖書館藏鉛印本史記概要及下文補。

〔二〕「邪」，原作「衷」，湖南師範大學圖書館藏鉛印本史記概要墨筆改作「衺」，即「邪」之异體字，據此并下文改。

〔三〕「經」，湖南師範大學圖書館藏鉛印本史記概要墨筆改作「徑」。

（十二）關於八書者

史通書志篇：「夫刑法、禮樂、風土、山川，求諸文籍，出於三禮。及班、馬著史，別裁書志。考其所記，多效禮經，且紀傳之外，有所不盡，隻字片文，於斯備録，語其通博，信作者之淵海也。」

禮書索隱云：「此之八書，記國家之大體。」

章學誠亳志掌故例議云：「先王制作，存乎六藝，明其條貫，天下示諸掌乎？夫書道政事，典、謨、貢、範，可以爲經要矣。而周官器數，不入四代之書。夏禮、殷禮，夫子能言，而今已不存〔一〕其籍。蓋政教典訓之大，自爲專書；而人官物曲之細，別存其籍，其義各有攸當。故以周、孔經綸，不能合爲一也。司馬遷氏紹法春秋，著爲十二本紀，其年表、列傳，次第爲篇，足以備其事之本末；而於典章制度，所以經緯人倫、綱維世宙之具，別爲八書，以討論之。班氏廣爲十志，後史因之，互有損益，遂爲史家一定法矣。昔韓宣子見易象、春秋，以謂周禮在魯。左氏綜紀春秋，多

〔一〕「存」，原作「去」，据章學誠文史通義亳州志掌故例議改。

稱禮經。書志之原，蓋出官禮。鄭樵乃云：『志之大原，出於爾雅。』非其質矣。然遷、固書志，采其綱領，討論大凡，使誦習者可以推驗一朝梗概，得與紀、傳互相發明，足矣。至於名物器數，以謂別有專書，不求詳〔一〕備，猶左氏之數典徵文，不必其〔二〕周官之纖悉也。司馬禮書末云：『俎豆之事，則有司存。』其他抑可知矣。自沈、范以降，討論之旨漸微，器數之加漸廣。至歐陽新唐之志，以十三名目，成書至五十卷，官府簿書，泉貨注記，分門別類，惟恐不詳。宋、元、金史〔三〕，繁猥愈甚，盈床疊几，難窺統要。是殆欲以周官職事，經禮儀容，盡入春秋，始稱全體。則夫子刪述禮、樂、詩、書，不必分經爲六也。夫馬、班書志，當其創始，略存諸子之遺。管子、呂覽、鴻烈諸家，所述天文、地圓、官圖、樂制之篇，采掇制數，運以心裁，勒成一家之言，其

〔一〕「詳」，章學誠文史通義亳州志掌故例議作「全」。
〔二〕「其」，章學誠文史通義亳州志掌故例議作「具」，湖南師範大學圖書館藏鉛印本史記概要墨筆改作「如」。
〔三〕「宋、元、金史」，章學誠文史通義亳州志掌故例議作「宋、金、元史」。

所仿也。馬、班豈不知名〔一〕數器物不容忽略，蓋謂各有存〔二〕書，不容於一家之言，曲折求備耳。如欲曲折求備，則文必繁蕪，例必龐雜，而事或反晦而不顯矣。惟夫經生〔三〕帖〔四〕括，類家纂要，本非著作，但欲事物兼賅，便於尋檢，此則猥陋無足責耳。史家綱紀群言，將勒不朽，而惟沾沾〔五〕器數，拾給〔六〕不暇，是不知春秋、官禮意可互求，而例則不可混合者也。」

案：書志之原，出於禮經，史家無異說。然史之出於經也，蓋分二類，或原禮、

〔一〕「名」原脱，據章學誠文史通義亳州志掌故例議補。

〔二〕「存」，章學誠文史通義亳州志掌故例議作「成」。

〔三〕「生」，原作「去」，據章學誠文史通義亳州志掌故例議、湖南師範大學圖書館藏鉛印本史記概要改。

〔四〕「帖」，章學誠文史通義亳州志掌故例議作「策」。

〔五〕「沾」，原作「之」，據章學誠文史通義亳州志掌故例議、湖南師範大學圖書館藏鉛印本史記概要改。

〔六〕「給」，原作「級」，據章學誠文史通義亳州志掌故例議、湖南師範大學圖書館藏鉛印本史記概要改。

樂，或法春秋、尚書。原禮、樂者，典章經制之常；原尚書、春秋者，理亂〔一〕興衰之迹。鄱陽馬氏謂司馬通鑑〔二〕詳於理亂興衰，杜佑通典詳於典章經制，蓋能晰其本原，舉其流别者矣。史公創體，記傳取類尚書、春秋，八書取類官禮。取類尚書、春秋者，則左史記言、右史記事之規；取類官禮者，則經禮三百、曲禮三千之亞。史通謂「馬、班著史，别裁〔三〕書志，考其所記，多效禮經」，蓋不誣也。顧禮之爲書，廣大悉備，必曲載其儀文，書或流於猥雜，無論曲禮三千非短篇所能具載，即周官三百，亦豈通史所得總持？故史公於封禪書末述其例云：「若至俎豆圭幣之詳，據醉〔四〕之禮，則有司存。」小司馬禮書索隱亦申之云：「八書記國家大體。」誠知要矣。是故漢

〔一〕「亂」，原作「究」，據湖南師範大學圖書館藏鉛印本史記概要改。
〔二〕「鄱陽馬氏謂司馬通鑑」，原作「鄱陽馬氏謂司馬謂司馬遷鑑」，據湖南師範大學圖書館藏鉛印本史記概要改。
〔三〕「裁」，原作「類」，據史通内篇書志及前文改。
〔四〕「據醉」，史記卷二八封禪書作「獻酬」。

表亦詳官職，不啻姬周六典之詳；封禪亦述祭儀，未及禮經十七篇之備。辭〔一〕尚體要，勢所不許也。劉知幾乃云：「紀傳之外，有所不盡，隻字片言，於斯備録。」由是後史以貪多務博爲功，以綴輯排比爲事。有如實齋所謂「官府簿書，泉貨注記，分門別類，惟恐不詳」者。誠思經禮、曲禮，何嘗納入尚書；火正、雲師，豈得盡徵左氏。是則正史之不能全録掌故，正猶官禮之不能混入尚書、春秋也。此之爲例，司馬創之，章氏明之，而後知通史規撫，鴻儒撰著，原不必與經生〔二〕帖括、策家纂要爭功也。

（十三）關於天官書者

史通云：「夫兩〔三〕曜百星〔四〕，麗於玄象，非如九州〔五〕萬國，廢置無恒。故海田可變，

〔一〕此處原空闕一字，據湖南師範大學圖書館藏鉛印本史記概要補。

〔二〕「生」，原作「法」，據章學誠文史通義亳州志掌故例議、作「生」，湖南師範大學圖書館藏鉛印本史記概要改。

〔三〕「兩」，原作「西」，據史通内篇書志、湖南師範大學圖書館藏鉛印本史記概要改。

〔四〕「星」，原作「里」，據史通内篇書志改。

〔五〕此處原空闕一字，據史通内篇書志、湖南師範大學圖書館藏鉛印本史記概要補。

而景緯無異〔一〕。古之天猶今之天也，今之天即古之天也，必欲刊之國史，施於何代不可也？但史記包括所及，區域綿長，故書有天官，讀者竟忘其誤，榷而爲論，未見其宜。班固因循，復以天文作志，志無漢事，而隸入漢書，尋篇考限，睹其乖越者矣。竊以國史所書，宜述當時之事，必爲志而論天象也，但載其時彗孛氛祲、薄食晦明，裨竈、梓慎之所占，京房、李郃之所候。至如熒惑退舍，宋公延齡，中台告坼，晋相速禍，星集潁川而賢人聚，月犯少微而處士亡，如斯之類，志之可也。若乃體分濛澒，色著青蒼，丹曦、素魄之躔次，黄道、紫宫之分野，既不預於人事，輒編之於策書，故曰刊之國史，施於何代不可也。」

茅坤云：「太史公八書中，當以天官書〔二〕爲最。楊升庵以爲甘、石二家之遺，予竊謂古者太史掌天官，而史談以來世其官，故於星術及風雲諸占并有經緯。惜也於漢高、惠、文、景及武帝百餘年間災異處不見點畫，豈以下蠶室之後，遂鑒禍刑，輒諱忌耶？」

郭子變師云：「知幾條論書志，諸所宜刊削，一曰天文，以謂景緯無異，天道不

〔一〕「異」，史通内篇書志作「易」。
〔二〕「官」原脱，據茅坤史記鈔卷一三補。

殊今古，事非斷代，强隸當時，尋篇考限，睹其乖越。夫測驗，今術殊古，中法異西，隨世遷流，靡恒厥説。是以司馬遷啓其聊，司馬彪明其驗，李淳風袪其蔽，此三族者，取誼不同，語其精切，其歸一軌。遷受學唐都，最其精要，著録天官，實欲以明絶學。知幾稱太史包括所及，區域綿長，然則首闢榛蕪，使後遵路，固難爲執咎也。彪紹固有作，詳居攝來訖於建安星辰之變，表象之應，例實祖之蔡邕。謝沈稱邕撰建武後星驗著明，以續前志，譙周接繼其下。是續漢志之天文，實欲以存故事，此與知幾所謂載當時彗孛氛祲、薄蝕晦明，用存掌録者，何以殊焉？淳風受詔修志，標著懸象，世稱精整。是晉、隋二志，實欲以裁正舊説，蓋事仍舊貫，説異前修，使無所發正，則事所倚以發攄者，皆末由以章其理紀。是知躔次分野，前史已詳，事雖相因，無資複説，亦宜隱括大較，取信有徵，諸所更革，尤宜逐事疏辨，别下己意，更爲表明。康成箋毛，是其例已。豈得概之六合以外，存而不論歟？」

案：史公八書，知幾所首欲刊削者，厥爲天官，以謂「海田可變，景緯無殊，古之天猶今之天，今之天即古之天，必欲刊之國史，施於何代不可也」。今謂蒼昊雖無殊今古，景緯實代有差池。宫度之廣狹，不恒厥居；恒星之東移，歲久而驗。故堯典中星，殊於月令；東漢斗分，有異西京。又況曆術屢變，事愈推而愈精；體象改觀，或古無而今有。是故懸象雖千古不易，而圜運實積久而差。不變者，垂象之著明；善變者，積微之躔度，以故千歲之日至，雖可坐而致，而三百年之中，曆憲必改。如令海田可變，而景緯不移，則治曆明時，象無取乎澤火；推筴迎日，術無取乎旁羅也。嘗謂上天無眹，仰觀乃識。日月之薄蝕，星辰之見伏陵犯；窮其端倪，察其變動，乃得序四時之位，正分、至之氣，考生殺寒暑之節，厚生序事，具在於斯。比之他圖，其要爲切。故堯典首序羲和，春秋僅書星變，小正載諸戴記，時則亦記周書。古今典籍之傳，例以天官爲重。蓋爲曆者，當順天以求合，不當爲合以驗天。據景緯之移易，定中氣之推遷，不測烏火虛昂，不能成敬順昊文之功；不得太初星度，無以定三統太明之統。天官與曆書相爲表裏，測驗與推步事亦相資。故唐都分其天部，史公學於唐都，并以精於天官，爲漢造曆，可以知其故矣。知幾不察，以謂「志論天象，但載其時彗孛氛祲、薄食晦明，裨竈、梓愼之所占，京房、李郃之所候」可也。如其所言，則皆陰陽之術，所謂太詳而衆忌諱者，雖亦爲史公家學之一端，要其辨五宮之位次，驗五緯之躔度，陰陽家固得藉胸膽〔一〕以窮符驗，曆數家亦得憑軌度以審審〔二〕逡。虚實不侔，而因時窮變則一，豈得但記災祥、傅諸人事者哉！且夫曆術更革，後出轉精，辰宿推尋，輓近較密。西法至明、清而顯，中法以授時爲精，代有發明，與時俱進，亦豈得謂爲「刊之國史，施於何代不可」者哉！或欲申焉，以司馬世掌天官，史公學天官於唐都，故八書以天官爲最。依其所言，則史志天官，直爲傳其家業者，此猶未知史公用意也。本書贊云：「自初生民以來，世主曷嘗不曆日月星？及至五家、三代，紹而明之。」則是本書蓋欲爲治曆明時樹之藝極者，惜其偏載陰陽家言，於太初本星度，未能驗於軌度以次也。

（十四）關於封禪書者

陳祥道云：「觀太史公封禪書，首叙帝舜類上帝、禋六宗、望山川、祠五嶽之事，以至三代郊祀之禮，然後及秦、漢間不經之祠，且歷叙始皇、孝武所得燕、齊方士怪

〔一〕「膽」，湖南師範大學圖書館藏鉛印本史記概要墨筆改作「臆」。

〔二〕「審」，湖南師範大學圖書館藏鉛印本史記概要墨筆改作「躔」。

誕矯誣之説，共爲一書。班孟堅遂取作漢郊祀志。蓋秦、漢之君不能明理，以古先聖王報本反始之大典，視爲求仙徼福之一事，故郊疇〔一〕諸祠，其説多出於方士，作史固不得而删之也。然少君、欒大、公孫卿、越人勇〔二〕之徒，其所言怪妄諸説，本無關於祠祀者，亦叢雜附見於封禪、郊祀之書，何耶？」〔三〕

胡宏皇王大紀云：「梁許懋曰：『燧人之前，世質民淳，安得泥金檢玉？結繩而治，安得鐫文告成？是故考舜典，可以知後世封禪之失。』稽懋言，可以知史遷著書之繆。」

史記志疑云：「三代以前無封禪，乃燕、齊方士所僞造，昉於秦始，侈於漢武〔四〕。此書先雜引鬼神之事，比類見義，遂因其附會，備録於篇，政以著其妄，用意微矣。惟牽引

〔一〕「郊疇」，馬端臨文獻通考卷六九引作「郊祀」，湖南師範大學圖書館藏鉛印本史記概要墨筆改作「郊畤」。

〔二〕「越人勇」，馬端臨文獻通考卷六九引作「粵人勇」。

〔三〕案：此條見引於馬端臨文獻通考卷六九，然此前引陳祥道白鶴觀記文，又引朱熹文，次及於此。知此非陳祥道語，而是馬端臨之語。

〔四〕「武」，原作「民」，據史記志疑卷一六改。

郊社、巡狩諸典禮，未免黷經。馬端臨云：『西漢郊祀襲秦制，而雜以方士之説，曰太乙，曰五帝，叢雜而祀之，皆謂之郊天〔一〕。史公所序者，秦、漢不經之祠，而以舜類上帝、三代郊祀之禮先之。至孟堅直名郊祀志，於是以祀六帝爲郊。自遷、固以來，相襲而然已。』」

郭子燮師云：「封禪，漢志謂之郊祀，續漢志謂之祭祀，昭述謝沈書稱蔡邕引中興以來爲祭祀志，以説命篇所記始，言與別傳小殊。原其旨趣，實禮之條流。太史志禮，裁取荀卿，大氐推本立言。封禪出於後人附益，而於典特鉅，故勒成專部。漢以來粗略節文，不詳禮意，祭典亦節文之一，存諸有司，則安用別題爲篇？」

案：史公封禪一書，辨者甚繁。有謂三代本無封禪，史公誤信僞書者，梁許懋、宋胡宏也。有謂郊祀本爲正典，不當雜於燕、齊諸方士迂怪之誤者，宋陳祥道、黄東發也。其他則有疑封禪本爲禮典，不當特立爲一書者。今謂封禪雖於古難徵，而漢代則爲典特鉅，史官職司記載，一代鉅典，無論其原於正經、出諸方士，即不得屏而不書。自序所謂「漢興至明天子，獲符瑞，建封禪，受命於穆清。臣下百官力誦聖德，

〔一〕「天」，原作「夫」，據史記志疑卷一六改。

猶不能宣盡其意。廢明聖盛德不載，罪莫大焉」者也。若夫少君、欒大、公孫卿、越人勇之流所述諸祠祀，誠爲求仙徼福之端，不足與於崇德報功之典。然泰山、培樓，崇卑雖異，而取類無殊；伊耆、八腊，不廢貓虎之迎。王者七祀，下及秦厲之祭，未聞以其怪妄而遺之也。禮書云：「議者咸稱泰古，百姓何望？漢一家之事，典法不傳，謂子孫何？」此其意也。至封禪與禮，別立爲篇，禮書括五禮之全，多言禮意；封禪爲五禮之一，偏主神祠，意各有當，故爾裁篇別出也。

（十五）關於孔子世家者

司馬貞索隱云：「教化之主，吾之師也。爲帝王之儀表，示人倫之準的。自子思而下，代有哲人，繼世象賢，誠可仰同列國。前史既定，吾無間然。又孔子非有諸侯之位，而亦稱『系家』者，以是聖人爲教化之主，又代有賢哲，故亦稱『系家』焉。」張守節正義云：「孔子無侯伯之位，而稱『世家』者，太史公以孔子布衣傳十餘世，學者宗之，自天下王侯，言六藝者宗於夫子，可謂至聖，故爲『世家』。」王安石云：「太史公叙帝王則曰本紀，公侯傳國則曰世家，公卿特起則曰列傳，此其列也。其列孔子爲世家，奚其進退無所據耶？孔子，旅人也，棲〔一〕衰季之世，無尺寸〔二〕之柄，此列之以傳宜矣，曷爲世家哉？豈以仲尼躬将聖之資，其教化之盛，赫奕萬世，故爲之世家以抗之，又非極摯之論也。夫仲尼之才，帝王可也，何特公侯哉？仲尼之道，世天下可也，何特世其家哉？處之世家，仲尼之道不從而大；置之列傳，仲尼之道不從而小。而遷也自亂其例，所謂多所〔三〕牴牾者也。」

史記志疑云：「史公叙孔子於世家，以表尊崇之義，蓋謂有土〔四〕者以國世其家，孔子以德世其家。小司馬深然之，而王安石云：『仲尼之才，帝王可也，何特公侯哉？仲尼之道，世天下可也，何特世其家哉？而遷也自亂其例。』王厚齋録入困學紀聞，蘇氏古史因

〔一〕「棲」，臨川先生文集卷七一孔子世家議後有「棲」，湖南師範大學圖書館藏鉛印本史記概要墨筆後補「遲」字。

〔二〕「寸」，臨川先生文集卷七一孔子世家議作「土」。

〔三〕「所」，原作「承」，據臨川先生文集卷七一孔子世家議、湖南師範大學圖書館藏鉛印本史記概要改。

〔四〕「土」，原作「上」，據史記志疑卷三六、湖南師範大學圖書館藏鉛印本史記概要改。

改爲列傳。然宋晁補之雞肋集辨其非，以爲宋乃殷後，至桀偃而絶，賢如正考父，聖如孔子，豈不可以繼宋，則亦與有土之世家同。慈溪姜氏宸英湛園集又謂史公之意，以孔子尊周之功最大，尊周者諸侯之事，故附孔子於世家。二公之論雖殊，而識勝蘇、王遠矣。」郭子燮師云：「孔子布衣，初無爵命，亦得僭同侯伯。居之不疑，求諸往事，絶無可擬。然修明六藝，立道之極，世守其學，人各名家，豈特田完之盗齊，必至和始光復〔一〕故物哉！」

案：史公列孔子於世家，或以爲是，或以爲非，伸駁不同，其未知史公之旨則一。史孔子世家小序云：「周室既衰，諸侯恣〔二〕行，仲尼悼禮廢樂崩，追修經術，以達王道，匡亂世反之於正，見其文辭，爲天下制儀法，垂六藝之統紀於後世。」世家贊云：「天下君王至於賢人衆矣，當時則榮，没則已焉。孔子布衣，傳十餘世，學者宗之。自天子王侯，中國言六藝者折中於夫子，可謂至聖矣。」所謂「傳十餘世」，非指子上、子家、子京、子高、子慎諸孔氏子孫也，指傳詩、習禮、傳易、

〔一〕「復」，原作「後」，據湖南師範大學圖書館藏鉛印本史記概要改。

〔二〕「恣」，原作「忌」，據史記卷一三〇太史公自序、湖南師範大學圖書館藏鉛印本史記概要改。

授春秋諸門人也。「學者宗之」，亦非宗孔氏子孫也，宗傳授諸經詩〔一〕也。如商瞿傳易，十傳而至司馬談；左丘明受春秋，十二傳而至賈誼之孫嘉。是之謂「垂六藝之統紀於諸後世」，是之謂「中國言六藝者折中於夫子」。小序與贊，同一用意。參之仲尼弟子列傳、孟荀、儒林列傳自序語，乃知其説。仲尼弟子列傳小序云：「孔子述文，弟子興業，咸爲師傅，崇仁厲義。」孟荀列傳序云：「獵儒、墨之遺文，明仁義之統紀。」儒林列傳序云：「自孔子卒，京師莫崇庠序，唯建元、元狩之間，文辭粲如也。」讀此三序，則六藝之統紀，憚〔二〕連遞行，相承不絶，以至於建元、元狩。而孔子世家之旨，自可無疑。特標六經統紀、仁義統紀，正其作世〔三〕家之絶大根據。小司馬以教化之主説之，略知此意，惟謂「世有賢哲」，仍疑仲尼以子孫皆賢而世其家，尚未得史公本旨。先師謂孔子「修明六藝，立道之極，世守其學，人各名家」説之，賢於諸家遠矣。

〔一〕案：「詩」，疑爲「師」之訛。
〔二〕「憚」，湖南師範大學圖書館藏鉛印本史記概要墨筆改作「蟬」。
〔三〕「世」，原作「子」，據湖南師範大學圖書館藏鉛印本史記概要改。

（十六）關於陳涉世家者

索隱云：「勝立數月而死，無後，亦稱世家者，以其所遣王[一]侯將相竟滅秦，爲首事故也。然時因擾攘，起自匹夫，假托妖祥，一朝稱楚，歷年不永，勛業蔑如，繼之齊、魯，曾何等級。可降爲列傳。」

史通世家篇云：「世家之爲義也，豈不以開國承家，世代相續？至如陳勝起自群盗，稱王六月而死，子孫不嗣，社稷靡聞，無世可傳，無家可宅，而以世家稱，豈當然乎？」

史記志疑云：「案：班彪譏史進涉，嗣後如小司馬補史及史通、後漢書注、續古今考、示兒編諸書，言涉起群盗，稱王六月而死，無世可傳，無家可宅，當降爲列傳，其説本乎班氏。蓋宜與項羽同傳也。」

郭子燮師云：「世家之稱，取諸開國承家，世代相續。斯固然也。推尋史公之指，則猶多通變。蓋周之侯國，法度雖本諸王朝，若張弛之宜，多各自以意爲之消息。其特立世

[一]「王」，原作「不」，據史記卷四八陳涉世家司馬貞索隱、湖南師範大學圖書館藏鉛印本史記概要改。

家，不混合之列傳，以列傳所叙，必循王制，無敢少有逾越者，本不同倫耳。是以陳勝自群盜，稱王六月而死，亦得參列其間。此管、蔡伏誅，猶得比肩於曹、蔡之例也。雖社稷靡聞，子孫不嗣，無世可傳，無家可宅，而時無共主，自領郡縣，草創制度，比諸封君，則未可降與萌庶伍矣。吴、越僻處，不染華風，勝之稱王，殆以是擬歟？」

案：陳涉世家自序云：「桀、紂失其道而湯、武作，周失其道而春秋作。秦失其政而陳涉發迹，諸侯作難，風起雲蒸，卒亡秦族。天下之端，自涉發難。作陳涉世家。」依其所論，則春秋之作，擬諸湯、武；陳涉之發，擬諸春秋。是故不知春秋，即不知陳涉。紛紛揣測，無當也。史公之述春秋也，曰「貶天子，退諸侯，討大夫，以達王事」，又曰「君不君則犯，臣不臣則誅」，故曰春秋天子之事也。秦皇之暴亟矣，罪浮於桀、紂，亂過於東周，湯、武之所必誅，春秋之所必討也。陳涉發其端，劉、項繼其後，救民伐暴，遂以夷秦。功雖不自彼成，其志固亦遠承湯、武也。令〔一〕其有世可傳，有家可宅者，則且躋諸本紀，冠諸劉、項羽〔二〕矣，奚特世家哉！

〔一〕「令」，原作「今」，據湖南師範大學圖書館藏鉛印本史記概要改。

〔二〕湖南師範大學圖書館藏鉛印本史記概要墨筆圈去「羽」。

（十七）關於漢諸侯王世家者

史通世家篇云：「當漢氏之有天下也，其諸侯與古不同。夫古者諸侯，皆即位建元，專制一國，綿綿瓜瓞，卜世長久。至於漢代則不然，其宗子稱王者，皆受制京邑，自[一]同外郡；異姓封侯者，必從官天朝，不臨方域。或傳國惟止一身，或襲爵才經數世，雖名班胙土，而禮異人君；必編世家，實同列傳。而馬遷强加别録，以類相從，雖得畫一之宜，詎識隨時之義？」

郭子燮師曰：「蕭、曹茅土之封，遠凖諸吕尚；荆、楚葭莩之屬，上同諸魯、衛。知幾獨深識之，以謂漢制王侯，雖名班胙土，禮異人君，班固改隸列傳，兹爲允已。然遷加假借，詎不違隨時之誼。固將以類相從，使來者昭然於古今之升降，度數之損益焉耳。」

案：師説是也。

（十八）關於外戚世家者

司馬貞補史記叙云：「本紀序五帝而闕三皇，世家載列國而有外戚。竊所未安。」

[一]「自」，原作「目」，據史通内篇世家改。

索隱云：「外戚，紀后妃也，后族亦代有封爵故也。漢書則編之列傳中，王隱則謂之紀。」

史通題目篇云：「史傳雜篇，區分類聚，隨事立號，諒無恒規。如馬遷撰皇后傳，而以『外戚』命章。案外戚憑皇后以得名，猶宗室因天子而顯稱，若編皇后而曰『外戚傳』，則書天子而曰紀〔一〕，可乎？」

史記志疑云：「后妃止宜在列傳，若謂代有封爵，不妨儕之世家，亦應書『后妃世家』，不當標題『外戚』。」

郭子燮師云：「外戚侯者，比諸周制，儻猶陳、宋以帝胄作賓之亞乎？陳其侯功，職后妃之故，故篇題『外戚』。事乃加詳於后妃，若衛、霍之流，自有殊伐，不盡由后妃蒙寵，所難并爲一談矣。劉知幾過幾子長，以謂外戚以后族侯，猶諸王以帝子得有爵土。今叙外戚，兼論列皇后，是叙諸王亦當隸以天子行事已。於虖！史氏之誼，治亂爲徵，政教隆替，尸之天子。皇后雖與匹體，未得參與之也。其隱有繫於天下之故，實視其寵外戚與否耳。儻不在此數，各因事散見，奚用猥加甄録歟？」

〔一〕史通内篇題目「紀」前有「宗室」。

孫德謙太史公書義法云：「讀書難，讀史記之書則尤難。何以明其然哉？余讀外戚世家矣，其序則言夫婦之倫，篇首又書之曰『薄太后』『竇太后』，以〔一〕此世家者，直爲后妃而作。夫婦人以夫爲家，此世家苟專紀后妃，既無所謂家，又遑論乎世。考世家之例，凡以叙有土之君，外戚〔二〕而次之世家者，實以皇后之家，其父子兄弟，類無不受封爲國，世及相繼，與吴、魯等倫。遷之意蓋在此，故題之曰『外戚』，得厠乎世家之中。昧者不察，誤認外戚即爲后妃，雖以劉知幾之識，猶謂『編皇后而曰「外戚傳」，是可書天子而曰「宗室紀」』，且不能就其目諦辨之，亦足見讀史記之不易矣。」

案：史記外戚世家，群滋異議，或謂外戚不爲列國，不宜列入世家，如補史記所糾是也；或謂世家既記后妃，不應題名「外戚」，如史通所議是也。不知漢時外戚，多列侯封，父子兄弟，世及相繼。史表陳后族侯狀，漢表勒外戚專篇，姜、齊表海，既儕魯、衛之班，薄、竇群侯，奚不可次荆、齊之列？且也伯叔甥舅，同列屏藩，宗

〔一〕「以」，孫德謙太史公書義法序作「似」。
〔二〕此處原空闕一字，據孫德謙太史公書義法序、湖南師範大學圖書館藏鉛印本史記概要補。下同。

潢屬籍，既入篇題，葭莩懿親，詎宜闕紀？則謂外戚不宜刊入世家者，非也。至如史通所議，謂爲名實有不和。外戚因后妃而獲顯，正猶宗室因天子而著稱，不緣肺腑，何有於外戚？薄、昭之侯，無功可記；南皮、章武，何事可書？闕之則記載未全，詳之則事功未著。故篇題以「外戚」而詳於后妃。知幾顧謂「編皇后而曰『外戚傳』，是猶書天子而曰『宗室紀』」，抑知田、竇自有專篇，衛、霍自躋列傳，世家所記，正以處夫外戚群侯之別無勛庸足記者。謂爲后妃，可乎？郭師復謂「史氏之誼，治亂爲徵，政教隆替，尸之天子，皇后雖與匹體，未得參與之也。其隱有繫於天下之故，實視其寵任外戚與否耳。儻不在此數，各因事散見，奚用猥加甄録」，此尤洞見本原之論也。

（十九）關於列傳詮配者

司馬貞補史記序云：「列傳所著，有管晏及老子韓非。伯陽清虚爲教，韓子峻刻制法，静躁不同，德刑斯舛。今宜柱史共漆園同傳，公子與商君并列。」史通二體篇云：「編次同類，不求年月，後生而擢居首帙，先輩而抑歸末章，遂使漢之賈誼將楚屈原同列，魯之曹沫與燕荆軻并編。此其所以爲短也。」

又品藻篇云：「史氏自遷、固作傳，始〔一〕以品彙相從。然其中或以年世迫促，或以人物寡鮮，求其具體必〔二〕同，不可多得。是以老子、韓非〔三〕共在一篇，豈非韓、老俱稱述者，書有子名。用此爲斷，粗得其倫。」

史記志疑云：「昔人以老、韓同傳爲不倫，儉語，見南史王敬則傳。史通編次篇深訾之，云老子與韓非并列，如斯舛謬。小司馬補史亦云不宜同傳，宜令韓非居商君傳末。然申、韓本於黃老，史公之論，自不可易，并非强合。况韓子有僻老〔四〕、喻老應篇，其僻老篇創爲訓注體，實五千文釋詁之祖，安知史公之意不又在斯乎？前賢妄規之也。」

又云：「小司馬言魯連、鄒陽年代乖絶，不可合傳。但傳中如屈原、賈生，扁鵲、倉公，皆比類相次，時不足拘之。特此傳無所爲類爾。或謂鄒陽見王生救梁，并有排難之

〔一〕「始」，原作「招」，據史通内篇品藻、湖南師範大學圖書館藏鉛印本史記概要改。

〔二〕「必」，原作「不」，據史通内篇品藻改。

〔三〕「老子、韓非」，史通内篇品藻作「韓非、老子」。

〔四〕「僻老」，史記志疑卷三六作「解老」，下同，湖南師範大學圖書館藏鉛印本史記概要墨筆均改正。

功，故同編焉，而傳削救梁事，意不在斯矣。然則何以合傳？曰：傳論云『辭有足怨，附之列傳』，附也，非合也。序傳無片語及陽，更非合傳也。是知史公衹愛其獄中一書，采入爲傳，篇題『鄒陽』二字，乃後人妄加，非史元文。觀遷傳作魯仲連列傳可證。」

索隱云：「魯連、屈原當六國之時，賈誼、鄒陽在文、景之日，事迹雖復相類，年代甚爲乖絶。其鄒陽不可同魯連，賈生亦不可上同屈原。宜抽魯連同田單爲傳，其屈原與宋玉等爲一傳，其鄒陽與枚乘、賈生等同傳。」

郭子燮師云：「道家與虛無爲本，以因循爲用，無成勢，無常形，故能究萬物之情，有度無度，因物與合，不爲物先，不爲物後，故能爲萬物主。有法無法，因時爲業。名家究物情，循度以合物；法家主萬物，泥法以成業，故曰形名，原於道德之意，而離於道。老與莊，道之鉅子；申、韓用法家名者也。四子合傳，明其異流而同源，道家之建體，抑豈法家所足比數耶？」

又云：「能自表異於游客者，則蕩然肆志，不詘於諸侯，魯仲連是已。附鄒陽於魯連，所以伸仲連之指意也。或竭忠盡智以事其君，又信而見疑，忠而被謗，屈原是已。附賈生於屈原，所以顯屈原之哀怨也。司馬貞顧謂『魯、屈當六國之時，賈、鄒在文、景之日，事迹雖復相類，年代甚爲乖絶』，以此議史公，何異斥鷃之笑鴻鵠者哉！」

案：史公之次七十列傳也，先師依史通區爲三例，以謂傳之爲體，大抵相同，而述者多方，有時而異。如〔一〕二人行事，首尾相隨，則有一傳兼書，包括令〔二〕盡，若陳餘、張耳合體成篇，陳勝、吴廣相參并録〔三〕，是也。亦有事迹未備，難爲櫽括，則寄在他篇，自爲經緯，若衛青、霍去病左右两大將軍，及諸裨將名，最隸之青者十三，最隸去病者二，是也。又有附出之例，攀列傳以垂名，同紀季之入齊，類顓臾之附魯，皆附庸自托，得厠朋流。然世之求名者，咸以附出爲小，蓋以其因人成事，不足稱多故也。竊以書名竹帛，豈限詳略，何問其事竟如何耳。借如邵平〔四〕説〔五〕蕭何益封置衛，而運一異謀；紀信詐項羽載纛出降，而樹一奇節，并能傳之不朽，人到於

〔一〕「如」，原作「各」，據湖南師範大學圖書館藏鉛印本史記概要改。
〔二〕「令」，原作「今」，據湖南師範大學圖書館藏鉛印本史記概要改。
〔三〕「録」，原作「餘」，據湖南師範大學圖書館藏鉛印本史記概要改。
〔四〕「邵」原脱，據湖南師範大學圖書館藏鉛印本史記概要補。
〔五〕「説」，原作「即」，據湖南師範大學圖書館藏鉛印本史記概要改。

今稱之。豈假編名作傳，然後播其遺烈也。是則傳之爲體，一曰合傳，二曰寄傳，三曰附傳，其大較也。至其詮配之法，爲先師所未言者，一曰單傳，二曰類傳。單傳以時代相次，若儀、秦聯翩戰代，蒙、李繼踵秦年，是也。類傳以事類相次，而年代則有不拘，如孟、荀以儒術相比，起、翦以戰略相聯，仲尼弟子同列孔門，刺客、貨殖綜貫今古，是也。史公以老子、韓非同傳，後世頗議其不倫，然「形名原於道德，而老子深遠矣」，史公既明其合傳之故，又著其品藻之旨，不得謂其朱紫莫別也。必謂柱史與漆同傳，公子與商君并列，乃與[一]五崔六燕、銖兩悉稱者，則漆園之風，未必承於柱史；公子之學，其派乃衍蘭陵。人心不同，各如其面，一人一傳，乃得其真，然非史公類聚群分之旨也。至於鄒陽上附魯連，屈原下連賈誼，先師説之，以謂「附鄒陽於仲連，所以伸仲連之指意；附賈生於屈原，所以顯屈原之哀怨」。本以比物連類，無取紀事編年。此如魯之曹沫與燕荆軻并編，越之范蠡與蜀卓氏爲伍，年代懸隔，豈曰參差？如必改弦更張，又豈僅魯連宜比迹田單，鄒陽宜并肩枚、賈哉！嘗謂讀史記之法，當審其神旨，不可泥其迹象；當推其義例，

[一]「與」，湖南師範大學圖書館藏鉛印本史記概要墨筆改作「爲」。

不可滯於篇章。史公品題諸子，各具精心，即其班分類附之中，皆具論世知人之旨。或如孟、荀合傳之相勝而相成，或如張、陳合傳之凶終而隙末，或如范、蔡列傳之同聲而相應，或如廉、藺列傳之相爲而益彰。事取相資，不拘一格。以故老、韓同傳，知形名原於道德，其敝至於慘礉而少恩。魯、鄒，屈、賈相連，知其輕去就，同生死，懷才均足以自見，此史公之微旨也。若必拘以年代，謹於排比，則是史公撰述之規，或反不逮族史記注之詳也。先師譏小司馬非議史公，謂與斥鷃笑鴻鵠何異，諒哉！

（二十）關於吴王淮南衡山三王列傳者

索隱云：「五宗之國，俱享大邦，雖復逆亂萌心，取污朝典，豈可非謂青社之國哉。然淮南猶有後不絕，衡山亦其罪蓋輕，比〔一〕三家〔二〕之分晉，方暴秦之滅周，可不優乎？安得出其王國，不上同五宗、三王，列於世家？其吴濞請與楚元王共爲一篇，淮南宜與齊

〔一〕「比」，原作「此」，據史記卷一〇六吴王濞列傳司馬貞索隱改。
〔二〕「家」，史記卷一〇六吴王濞列傳司馬貞索隱作「卿」。

悼惠王爲一編。」

志疑云：「案：濞與淮南、衡山俱帝冑大邦，不但當以類從，亦當皆次於齊悼惠王世家之下，乃置濞四十六，淮南、衡山五十八，何也？若以謀反，貶在列傳，則彼在世家者，皆不反之王乎？又何相隔之遠也？且淮南、衡山削王字，吴何以王，何以濞獨名？均所未曉。班彪譏遷黜淮南、衡山，條例不經，而不及濞；小司馬謂濞宜與楚元王〔二〕爲一篇，淮南宜與齊悼惠爲一篇，庶幾允愜。學史言：『史叙淮南衡山在東越、朝鮮、西南夷後，以二國故荆地，并有合於春秋用夷禮則夷之義？』殊非。」

郭子燮師云：「司馬貞以吴王宜同楚元王爲一篇，淮南宜與齊悼惠王爲一篇。諸王之世有封土者，咸次世家。此二王者，争技發難，竟以夷隕，非他小過失比，遂出之，焉得擬之齊、楚乎？」

又云：「淮南王安與衡山王賜約反，當衛青威望之著，謀而畔逆，是亦一夷狄而已。猥次諸末，殆絶之深歟？」

案：史通世家篇云：「漢時宗子稱王者，雖名班胙土，而禮異人君；必編世家，

〔二〕「楚元王」，原作「楚平王」，據史記志疑卷三六改。

實同列傳。而馬遷强加别録，以類相從，雖得畫一之宜，詎識隨時之義？」是知幾謂漢代諸王并當改隸列傳，故於吴王、淮南兩傳，都無詰難之辭。然諸既已仰躋大邦，則兩傳亦應事同一律。故小司馬謂吴濞宜與楚元王爲伍，淮南宜與齊悼惠同科，一例相縋，應爲允愜。然吴王首禍，爲親越謀宗〔一〕之計，淮南、衡山，約反於誅胡討越之時，竟至夷隕，爲國大戮。史公出之世家，蓋絶之之深也。吴王傳贊云：「『毋親夷狄，以疏其屬。』蓋謂吴耶？」淮南傳贊云：「詩所謂『戎狄是膺，荆舒是懲』，信哉是也。」是史公於彼三王，固已視同夷狄。春秋之例〔二〕，諸侯用夷禮則夷之，以故荆蠻、句吴名不數於年表，謀宗疏屬事不載諸世家，其事有殊，其義一也。後之論者，每以〔三〕管、蔡相難，謂管、蔡既不抑於周編，則吴、淮詎宜絶於漢典。不知人臣之患，莫大乎棄親媢而長寇讎，聯戎狄而病中國。管蔡世家贊云：「管、蔡作亂，無足載者，然周武王崩，成王少，天下既疑，賴同母之弟成叔、冄季之屬十人爲輔弼。是

〔一〕「宗」，原作「宜」，復爲墨筆圈去，據史記卷一〇六吴王濞列傳改。
〔二〕「例」，原作「群」，據湖南師範大學圖書館藏鉛印本史記概要改。
〔三〕「以」，原作「月」，據湖南師範大學圖書館藏鉛印本史記概要改。

以諸侯卒宗周，故附之世家言。」然則管、蔡挾武庚以叛國，亦史公之所深惡痛絶者，特以群季夾輔，遂同附載。史公筆削，自具權衡，讀者習而不察也。管、蔡既從附見之條，則吴濞、淮南自同貶黜之例，又何疑焉？

附　史公記事下訖考

史公記事，有謂訖於太初者，有謂訖於天漢者，有謂下窮漢武者。云訖於太初者，漢書叙傳云：「固以爲漢紹堯運，以建帝業。至於六世，史官乃追述功德，私作本紀，太初已後，闕而不録。」荀悦漢紀、史通六家篇及正史篇因之。其依據，則史記高祖功臣侯者年表序云：「漢興，至太初百年之間，見侯五。」又漢興以來諸侯年表贊云：「漢興以來，至於太初百年。」是也。清梁玉繩史記志疑主其説。云訖於天漢者，漢書司馬遷傳贊云：「遷據左氏、國語，采世本、戰國策，述楚漢春秋，接其後事，訖於天漢。」史記集解序、索隱序及後序、正義論史例因之。其根據，以自序云：「論次其文七年，而遭李陵之禍。」報任少卿書亦云：「草創未就，會遭此禍。」計史公太初元年草史記，至被李陵之禍爲天漢三年，則記述當訖於是時。故史記漢興以來將相名臣表「太始元年」下集解云：「馬遷記事，訖於天漢。自此以後，後人所續也。」宋吳仁傑刊誤補遺主其說。云窮於漢武者，建元以來侯者年表末褚先生云：「太史公記事，盡於孝武，故復修記孝昭以來功臣侯者，編於左方。」史通六家篇因之，亦云史記「上起黃帝，下窮漢武」。案：六家篇前後岐互。其依據，以自序云：「略推三代，録秦、漢，上起軒轅，下訖於茲。」又高祖功臣侯年表下推及後元元年，景惠間侯者年表推及後元二年，建元以來侯者年表推至征和二年，是也。建元以來侯者年表末題云：「右太史公年表〔一〕。」以下則褚先生所補也。清王鳴盛十七史商榷主其說。三説各有依據，并有證驗，今宜何從？余謂欲定史公書事之起訖，當以褚先生事盡漢武爲準，而以自序「上起軒轅，下訖於茲」爲據。惟欲知所謂「訖於茲」爲何時，則當推求史公作自序之時代。考自序云：「論次其文七年，而遭李陵之禍。」則自序必作於天漢三年以後。又云：「於是卒述陶唐以來，至於麟止，自黃帝始。」武帝時獲麟有二，一在元狩元年；一在太始二年，西登隴首獲麟，更黃金爲麟趾褭蹏。兩事相距廿八年，此云「麟止」，

〔一〕「年表」，史記卷二〇建元以來侯者年表作「本表」。

當指後事爲較合。獲麟既在太始，則自序必作於太始之時，或更遠在其後。考遷報任安書稱當征和二年已有「網羅天下放失舊聞，爲十表、八書、本紀十二、世家三十、列傳七十，凡百三十篇」等語，則自序之作，其當太始、征和之間乎？惟報任書又云：「僕誠已著此書，藏之名山，傳之其人，通邑大都，則僕償前辱之責，雖萬被戮，豈有悔哉！」云「誠已」者，是方事假設之辭，非既事追述之語。征和中，自序雖成，而全書股〔一〕删訂增輯，尚在日進不已之中，故不直云「下訖征和」，而云「下訖於兹」。史公卒年，雖未能確定何時，然漢書遷傳云：「遷既死後，其書稍出。宣帝時，楊惲宣布焉。」漢儀注亦云：「太史公，武帝置。遷死後，宣帝以其官爲令，行太史公文書而已。」序遷卒後，均繼言宣帝，則史公當卒於昭帝時。故趙翼序司馬遷作史年月云：「自序謂父談臨卒，屬遷論著列代之史。父卒三歲，遷爲太史令，即紬石室金匱之書。爲太史令五年，當太初元年，改正朔，正值孔子春秋後五百年之期，於是論次其文。會草創未就，而遭李陵之禍，惜其不成，是以就極刑而無怨。是遷爲太史令即編纂史事。五年爲太初元年，則初爲太史令時，

〔一〕案：「股」疑有誤。

乃元封二年也。元封二年至天漢二年遭李陵禍，已十年。又報任安書内謂：『安抱不測之罪，將迫季冬，恐卒然不諱，則僕之意終不得達。故略陳之。』安所抱不測之罪，緣戾太子以巫蠱〔一〕斬江充，使安發兵助戰，安受其節而不發兵，武帝聞之，以爲懷二心，故詔棄市。此書正安坐罪將死之時，則征和二年間事也。自天漢二年至征和二年，又閲八年。統計遷作史記，前後共十八年。況安死後，遷尚未亡，必更有删訂改削之功。蓋書之成，凡二十餘年矣。」據此，則武帝末年，史公尚有改削之處。又王鳴盛十七史商榷云：「司馬自言：『生長龍門，二十南游江、淮，上會稽，探禹穴，闚九疑，浮沅、湘，北涉汶、泗，講業齊、魯之都，鄉射鄒、嶧，戹困鄱、薛、彭城，過梁、楚以歸。』此游所涉歷甚多，閲時必甚久，約計當有數年。歸後始任爲郎中，又奉使巴、蜀，南略邛、笮、昆明，還報命。徐廣以爲平西南夷在鼎元六年，其明年爲元封元年，約計是時，遷之年必在四十左右。元封初，其父談卒，遷使還見父。父卒三歲，遷爲太史令，而紬石室金匱書。又五年，當太初元年，始論次其文，是時遷之年蓋已五十。又七年，遭李陵之禍，徐廣以爲天

〔一〕「蠱」，趙翼廿二史劄記卷一司馬遷作史年歲作「蠱」。

漢三年。既腐刑，乃卒述黄帝至太初，則書成時必六十餘矣。後爲中書令卒，必在武帝之末。曹參世家末言參之五世孫宗以征和二年坐太子死，即戾太子也。又田仁、任安二人皆坐戾太子事誅，而史記田叔傳及仁死事，且云『予與仁善，故述之』。又報安書作於安下獄將論死之時，則巫蠱之獄、戾太子之敗，遷固親見之。又四年，武帝崩，漢書本傳於報任安書後言遷卒，則在武帝末，或更至昭帝也。孝武本紀裴駰注云：『太史公自序曰「作今上本紀」，又其述事皆云「今上」「今天子」，或有言「孝武帝」者，悉後人所定也。』愚謂遷實卒於昭帝初，觀景帝本紀末云『太子即位，是爲孝武皇帝』，衛將軍驃騎傳末段亦屢稱『武帝』，案其文義，皆非後人附益。間有稱武帝爲今上〔一〕者，史記作非一時，入昭帝未久即卒，不及追改也。惟賈誼傳末述賈生之孫嘉『與余通書，至孝昭時，列爲九卿』，此『孝昭』二字，則是後人追改，其元本當爲『今上』耳。」據此，則昭帝初年，史公亦尚有增輯之文。王國維太史公繫年考略云：「今觀史記最晚之記事，得信爲出自史公手者，惟匈奴列傳李廣利降匈奴事，在征和三年，餘皆後人續補者也。」不知史公記事，下窮孝

〔一〕「爲今上」，原作「上今」，據王鳴盛十七史商榷卷一史公游蹤改。

武，史通所舉，獨得其實。以故史記一書，除漢興以來將相名臣年表上起高祖下訖元成，楚元王世家記及地節，司馬相如傳贊述及揚雄，爲後人增竄外，自餘武帝末年及昭帝初年事，固皆史公所親見聞者。史公何嫌何疑不自增輯，必待後人越俎庖代耶？依此推之，史稱「武帝」，裴駰疑爲後人所定，則史稱「孝昭」，何用之非後人所定耶？將相名臣年表，徐廣疑太始以下爲後人所輯，何用太初以下不疑爲後人增輯耶？惟知史公記事，上起軒轅，下窮漢武，則各節糾紛，悉皆永釋。自序所謂「至於麟止，自黃帝始」者，作書之時，適逢其會，特假祥瑞以取象春秋，不必絕筆於獲麟也。自序又云「上起軒轅，下訖於茲」者，史公述史，本無斷限，隨得隨編，與年俱進，亦春秋感麟而作，仍引經以訖於哀之十六年，至木壞山頽，而後微言乃絕也。曰：然則自序不明言「余歷述黃帝以來，至太初而訖，百三十篇」乎？曰：本文前云：「卒述陶唐以來，至於麟止，自黃帝始。」武帝時獲麟有二，謂指元狩時耶？則前於太初者十八年；謂指太始時耶？則後於太初者亦且十稔。時不相當，進退失據。一篇之中，豈有矛盾？又凡最之數，前已云「著十二本紀，作十表、八書、三十世家、七十列傳，凡百三十篇」矣，此又云「百三十篇」，數行之中，何煩複述？此「太史公曰」二十字，疑係妄人所增。漢書遷傳本諸自序，「第七十」後即結云：「遷之自序云爾。」是班氏所據本尚無此語。如有此明文斷限，述贊不當別爲歧説，云「述楚漢春秋，接其後事，訖於天漢」矣。惟自裴駰集解已有注釋，則其增竄，又在劉宋以前，或魏晋間人爲之也。

參校書目

十三經注疏，清阮元校刻，中華書局，一九八〇年。

周禮正義，清孫詒讓撰，王文錦、陳玉霞點校，中華書局，一九八七年。

春秋左傳注，楊伯峻編著，中華書局，二〇〇九年。

説文解字注，漢許慎撰，清段玉裁注，上海古籍出版社，一九八一年。

説文古籀補，清吴大澂撰，中華書局影印清光緒二十四年重刊本，一九八八年。

説報，曾運乾撰，新民月刊，第一卷第二期，一九三五年。

點校本二十四史修訂本：史記，漢司馬遷撰，南朝宋裴駰集解，唐司馬貞索隱，唐張守節正義，中華書局，二〇一四年。

史記，清乾隆武英殿刻本。

史記鈔，明茅坤輯，四庫全書存目叢書史部第一三八册影印首都圖書館、浙江圖書館藏明萬曆三年自刻本，齊魯書社，一九九六年。

漢書，漢班固撰，唐顔師古注，中華書局，一九六二年。

漢書，清乾隆武英殿刻本。

後漢書，南朝宋范曄撰，唐李賢等注，中華書局，一九六五年。

三國志，晉陳壽撰，南朝宋裴松之注，中華書局，一九七一年。

世本八種，漢宋衷注，清秦嘉謨等輯，中華書局，二〇〇八年。

皇王大紀，宋胡宏撰，景印文淵閣四庫全書第三一三册，臺灣商務印書館，一九八六年。

通志，宋鄭樵撰，中華再造善本影印國家圖書館藏元大德三山郡庠刻元明遞修明弘治公文紙印本，北京圖書館出版社，二〇〇六年。

通史叙例，陳鼎忠、曾運乾撰，南京鍾山書局，一九三三年。

太史公繫年考略，王國維撰，北京圖書館藏珍本年譜叢刊第六册，北京圖書館出版社，一九九九年。

太史公年譜，鄭鶴聲撰，北京圖書館藏珍本年譜叢刊第六册，北京圖書館出版社，一九九九年。

史通通釋，唐劉知幾著，清浦起龍通釋，王煦華整理，上海古籍出版社，二〇〇九年。

文史通義校注，清章學誠著，葉瑛校注，中華書局，一九八五年。

十七史商榷，清王鳴盛撰，黄曙輝點校，上海古籍出版社，二〇一三年。

廿二史劄記，清趙翼撰，曾光甫校點，上海古籍出版社，二〇一一年。

廿二史考異，清錢大昕著，方詩銘、周殿傑校點，上海古籍出版社，二〇一四年。

史記志疑，清梁玉繩撰，賀次君點校，中華書局，一九八一年。

太史公書義法，孫德謙著，孫德謙著作集卷七影印民國十四年刻本，上海大學出版社，二〇一九年。

山海經校注，袁珂校注，北京聯合出版公司，二〇一四年。

郡齋讀書志校證，宋晁公武撰，孫猛校證，上海古籍出版社，二〇一一年。

荀子集解，清王先謙撰，沈嘯寰、王星賢點校，中華書局，一九八八年。

朱子語録，宋李道傳編，徐時儀、潘牧天整理，上海古籍出版社，二〇一六年。

黄氏日抄，宋黄震撰，景印文淵閣四庫全書第七〇七－七〇八册，臺灣商務印書館，一九八六年。

韓非子集解，清王先慎撰，鍾哲點校，中華書局，一九九八年。
困學紀聞：全校本，宋王應麟著，清翁元圻等注，欒保群等校點，上海古籍出版社，二〇〇八年。
焦氏筆乘，明焦竑撰，李劍雄點校，中華書局，二〇〇八年。
日知録校注，清顧炎武著，陳垣校注，安徽大學出版社，二〇〇七年。
陔餘叢考，清趙翼撰，曾光甫校點，上海古籍出版社，二〇一一年。
太平御覽，宋李昉等編，四部叢刊三編影宋本。
嘉祐集箋注，宋蘇洵著，曾棗莊、金成禮箋注，上海古籍出版社，一九九三年。
蘇轍集，宋蘇轍著，陳宏天、高秀芳點校，中華書局，二〇一八年。
章太炎全集，章太炎著，上海人民出版社，一九八四年。
文心雕龍注，南朝梁劉勰著，范文瀾注，人民文學出版社，一九五八年。